실패가 두려운 여러분에게

안녕? 나는 실패 박사야.
'실패와 실수'에 관해 매일 연구하지.

혹시 실패했다고 느낀 적 있니?
예를 들어 시험 점수가 낮아 야단을 맞았거나
달리기를 하다 넘어졌거나
소중한 친구에게 상처를 줬거나 하는 것처럼 말이야.
나 같은 경우에는 어릴 때 자주 이불에 오줌을 쌌어.

실패나 실수를 하면 창피하고 속상할 거야.
하지만 누구나 실패나 실수를 하지.
어른이 되어서도 갖가지 실패나 실수를 겪으면서 살아가.
무섭다고? 아니, 괜찮아.
실패나 실수는 아주 중요한 경험이니까.

그럼 이제 '미스테이크 월드'로 떠나 볼까?
그곳에서 다양한 실패와 실수를 경험한
사람들을 만나 보는 거야.
그들이 어떤 실패를 했는지 살펴보고
어떻게 극복했는지도 들어 보자.

자, 미스테이크 월드로 출발!

차례

- 실패가 두려운 여러분에게 —— 3
- 도감을 보는 방법 —— 6

발명가의 실패와 실수 편리한 것을 만들기 위해 시행착오를 되풀이한 사람들 —— 8

아바스 이븐 피르나스 / 구텐베르크 / 벤저민 프랭클린 / 레오나르도 다빈치 / 니콜라 조제프 퀴뇨 / 몽골피에 형제 / 제임스 하그리브스 / 리처드 트레비식 / 조지 스티븐슨 / 마이클 패러데이 / 루이 브라유 / 앙리 지파르 / 찰스 굿이어 / 노벨 / 벨 / 에디슨 / 엘리샤 그레이 / 루돌프 디젤 / 야이 사키조 / 오토 릴리엔탈 / 라이트 형제 / 에두아르 베네딕투스 루돌프 / 로버트 고더드 / 폰 브라운 / 안도 모모후쿠

예술가의 실패와 실수 벽에 부딪히면서도 자신의 감각을 믿은 사람들 —— 16

바흐 / 모차르트 / 미켈란젤로 / 베토벤 / 그림 형제 / 슈베르트 / 안데르센 / 마네 / 로댕 / 모네 / 마티스 / 피카소 / 몽고메리 / 채플린 / 달리 / 생텍쥐페리 / 비틀스 / 오드리 헵번 / 스티븐 킹

기업가의 실패와 실수 좌절을 극복하고 새로운 비즈니스를 만든 사람들 —— 24

클라크 / 헨리 포드 / 카를 벤츠 / 코코 샤넬 / 스티브 잡스 / 월트 디즈니 / 커넬 샌더스

학자의 실패와 실수 세상의 진리를 찾기 위해 인생을 건 사람들 —— 28

공자 / 소크라테스 / 아르키메데스 / 뉴턴 / 갈릴레오 갈릴레이 / 마르크스 / 다윈 / 슐리만 / 파스퇴르 / 멘델 / 파브르 / 하워드 카터 / 유카와 히데키 / 아인슈타인

모험가의 실패와 실수 신세계를 발견하기 위해 목숨을 던진 사람들 —— 34

현장 / 마르코 폴로 / 이븐바투타 / 엔히크 / 바르톨로뮤 디아스 / 크리스토퍼 콜럼버스 / 페르디난드 마젤란 / 바스쿠 다가마 / 아벌 타스만 / 제임스 쿡 / 로알 아문센 / 로버트 스콧 / 찰스 린드버그 / 버즈 올드린

운동선수의 실패와 실수 최고가 되기 위해 자기 자신과 싸운 사람들 —— 40

프레드 로츠 / 베이브 루스 / 난부 주헤이 / 아베베 비킬라 / 에디 하트 / 마크 스피츠 / 아일톤 세나 / 마이클 조던 / 로베르토 바조 / 마이크 타이슨 / 제인 사빌 / 페트라 마디치 / 빈첸초 니발리 / 장지커

사랑의 실패와 실수 사랑에 마음이 휘둘린 사람들 ——46
유왕 / 양견 / 페리클레스 / 후아나 / 마리아 아말리아 / 베토벤 / 안데르센 / 하이든 / 프란츠 카프카

어린 시절의 실패와 실수 큰일을 성취한 사람도 어릴 때는 실패투성이 ——50
알렉산드로스 대왕 / 와트 / 프리드리히 2세 / 에디슨 / 간디 / 처칠 / 아인슈타인 / 헬렌 켈러 / 피카소 / 존 레넌 / 우에무라 나오미 / 스티브 잡스

죽음에 이르게 한 실패와 실수 뜻밖의 실수로 목숨을 잃은 사람들 ——56
드라콘 / 아이스킬로스 / 시황제 / 왕부 / 샤를 8세 / 이백 / 후마윤 / 제노 / 한스 슈타잉거 / 베이컨 / 펠리페 3세 / 데카르트 / 륄리 / 잭 대니얼

생물들의 실패와 실수 습성 때문에 실패를 거듭하며 사는 생물들 ——62
다람쥐 / 박쥐 / 코알라 / 태즈메이니아데블 / 바비루사 / 사향소 / 캥거루 / 사자 / 점박이하이에나 / 기린 / 느시 / 벌새 / 바우어새 / 카카포 / 매 / 푸른바다거북 / 물총고기 / 커튼원양해파리 / 청개구리 / 범고래 / 볼비단구렁이 / 문어 / 전갈 / 벼룩 / 깡충거미 / 개미귀신 / 쇠똥구리 / 초파리 / 물벼룩 / 지렁이

상품의 실패와 실수 실수로 우연히 탄생한 히트 상품과 신기한 발명품 ——72
화약 / 성냥 / 페니실린 / 일회용 손난로 / 샴푸 / 신용카드 / 포스트잇 / 순간접착제 / 빵 / 치즈 / 티백 / 포테이토칩 / 콜라 / 초코칩 쿠키 / 게맛살 / 고양이 오르간 / 관 경보기 / 포커페이스 마스크 / 보조개 메이커 / 구부러진 총 / 플라잉 플랫폼 / 엔진 장착 롤러스케이트 / 부재중 전화 로봇 / 농업용 만능 도구 / 꽃가루 알레르기 환자용 휴지

- 실패 명언집 ——82
- 언제든 실패할 수 있는 여러분에게 ——87

도감을 보는 방법

이 도감에서는 인물과 동물, 물건 등의
184가지 실패와 실수 에피소드를 소개한다.

실패 주인공의 이름

실패와 실수 이야기

그림으로 보는 실패 이야기

실패 이야기를 그림으로 소개한다.
모두 땀과 눈물을 흘리고 있기 때문에
이 도감에는 무지개가 많다.

인물 소개

소개할 주인공에 관한 정보. 인물의 경우 직업과
출신 국가, 생몰 연도를 실었고 생물의 경우 분류명,
물건의 경우 만들어진 연대와 나라 이름을 실었다.

박사와 개구리를 찾아라!

각 장으로 들어가는 첫 페이지에
박사와 개구리가 숨어 있어!
함께 찾아보자!

어려운 단어

CEO 회사 경영에서 전략을 결정하고 최종적으로 책임을 지는 사람.

개척 거친 땅을 일구어 논이나 밭으로 만드는 일. 또는 새로운 분야를 여는 일.

발효 미생물이 갖가지 유기물을 분해, 변화시켜 특유의 다양한 물질을 만드는 현상.

방적기 실을 만들어 내는 기계.

불로불사 늙지도 않고 죽지도 않는 것.

서쪽 항로 서쪽을 목적지로 둔 항로. 마젤란이 떠난 항로의 경우 유럽에서 태평양을 거쳐 인도로 향했다.

신용 카드 상품을 살 때 돈을 지불하는 방식 중 하나. 돈을 나중에 낼 수 있는 카드로, 몇 번에 나눠서 지불할 수도 있다.

연금술 화학적인 수단을 통해 돌 같은 금속이 아닌 물질을 금으로 바꾸려는 시도.

오디션 가수나 배우를 뽑기 위한 시험.

유전 법칙 부모의 생김새나 형태는 유전자로 인해 규칙성을 가지고 자손에 전해진다는 뜻. 우열의 법칙, 분리의 법칙, 독립의 법칙으로 세 가지가 있다.

재판 싸움이나 사건 등 사회에서 생기는 문제를 재판소가 법률을 통해 해결하는 일.

증기 기관 증기의 열에너지를, 기계를 움직이는 에너지로 바꾸는 시스템.

진화론 생물이 긴 시간에 걸쳐 점차 진화했다는 이론.

혁명 지배당하던 사람들이 지배하는 쪽을 넘어뜨리고 정치를 통해 사회를 근본적으로 바꾸는 일.

흥행 영화나 공연이 상업적으로 성공을 거두는 일.

발명가의 실패와 실수

우리가 사는 세계에는 자동차나 비행기, 전화와 같이 우리의 삶을 편리하게 해 주는 것들이 넘쳐 난다. 당연한 말이지만 이러한 것들은 지구가 탄생했을 때부터 있었던 게 아니다. 과학 기술이 발전하지 않았던 때부터 더 편리한 세상을 만들고자 노력한 사람들이 수많은 어려움을 겪으면서 만들어 낸 것이다. 놀라운 기술을 발명하며 첨단 기술 시대를 이끌어 온 위대한 발명가들은 어떠한 실패를 했는지 함께 알아보자.

첫 비행은 완전 실패

MISTAKES! 아바스 이븐 피르나스

라이트 형제가 비행기를 발명하기 무려 1,000년 전에 세계 최초로 하늘을 나는 실험을 했다. 아바스는 나뭇가지와 천으로 만든 날개를 달고 이슬람교 예배당인 모스크의 탑 위에서 뛰어내렸는데, 그대로 떨어져 엉덩이를 다쳤다. 하늘을 나는 일만 생각하고 착륙 방법까지는 생각하지 못한 것이다. 실험은 실패로 끝났지만, 그의 용기는 오늘날까지 전해진다. 이라크의 바그다드 국제공항 근처에는 그의 이름이 붙은 광장이 있고 날개를 단 아바스의 동상이 서 있다.

학자·비행기 연구가, 810-887 | 스페인

MISTAKES! 구텐베르크

구텐베르크가 살던 시대에는, 판화처럼 나무 판에 글자를 새겨서 찍어 내는 목판 인쇄가 일반적이었다. 그는 판에 글자를 새기는 일을 했는데 글자가 하나만 틀려도 처음부터 다시 새겨야 하니 여간 힘든 일이 아니었다. 그래서 글자를 하나씩 새긴 작은 도장을 판에 모아 찍는 방법을 생각해 냈고 시행착오를 거듭하면서 활판 인쇄의 기초를 쌓았다. 이 발명은 인류의 인쇄 기술을 단숨에 발전시켰다. 불편함을 개선하려는 노력은 커다란 성공의 첫걸음!

활판 인쇄 발명가, 1398?-1468 | 독일

다시 파기 싫어!

목판 인쇄 한 페이지마다 글자를 반대로 새겨 종이에 찍음.

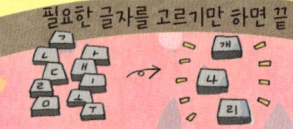
활판 인쇄 글자마다 금속 도장을 만들어 필요한 글자를 고르기만 하면 끝!

틀리면 처음부터!

MISTAKES! 벤저민 프랭클린

천둥 번개가 치고 폭풍우가 쏟아지는 날. 그는 아들과 함께 번개에서 전기를 모으는 실험을 했다. 전기가 잘 흐르는 마 끈과 전기가 잘 흐르지 않는 실크 끈을 엮어 연에 연결해 하늘 높이 올린 다음, 연이 번개를 맞으면 연줄 끝에 매단 금속 열쇠를 통해 번개의 전기를 축전기에 모으는 것이었다. 이 실험으로 번개의 정체가 전기라는 것이 증명됐고, 그는 이를 이용해 피뢰침을 발명했다. 문제는 이 실험을 따라 한 사람들이 감전으로 죽는 사고가 계속 생겨난 것! 이후 이 실험은 너무 위험하다는 이유로 한동안 뉴스나 신문에서 다뤄지지 않았다고 한다.

물리학자·정치가, 1706-1790 | 미국

원래는 발명가였다

어렵다…. 이게 더 적성에 맞네!

어린이는 따라 하지 마세요

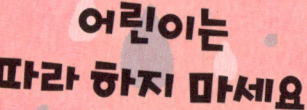

MISTAKES! 레오나르도 다빈치

화가로 유명한 다빈치는 놀라운 과학자이기도 했다. 예를 들면 새가 나는 원리를 활용해 비행기와 헬리콥터, 글라이더 등 수많은 발명품의 스케치와 설계도를 남긴 것. 하지만 어느 것 하나 실현되지는 않았다. 금방 질리는 성격 때문에 한 분야에 매달리지 못했기 때문이다. 모든 것에 능통한 천재였지만 중도 포기가 잦았고 유독 미완성 작품을 많이 남겼다. 자신이 무엇을 잘하고 무엇을 못하는지를 가늠하는 것도 중요하다.

과학자·예술가, 1452-1519 | 이탈리아

세계 최초의 교통사고

니콜라 조제프 퀴뇨
MISTAKES

세계 최초로 자동차를 발명한 퀴뇨가 처음 개발한 것은 증기로 움직이는 자동차. 이것은 시속 9km로 사람이 달리기하는 수준의 속도였으며 증기를 만들기 위해 10분마다 쉬어야 했기 때문에 결국 시간당 약 4km밖에 달리지 못했다. 운전하기도 어려워 벽에 부딪치기도 했다. 그리하여 퀴뇨는 세계 최초로 교통사고를 낸 사람이라는 불명예를 안았다.

군사 기술자, 1725-1804 | 프랑스

괴물? 아니요, 열기구입니다!

형 조제프 / 동생 자크

몽골피에 형제
MISTAKES

몽골피에 형제가 첫 실험에서 사용한 작은 무인 열기구는 터무니없이 높이 올라가는 바람에 연료가 바닥나 떨어지고 말았다. 이를 보고 기겁한 마을 사람들은 '하늘에서 괴물이 내려왔다!'며 형제가 열심히 만든 열기구를 망가뜨리고 말았다. 그럼에도 몽골피에 형제는 실험을 계속하여 사람이 탈 수 있는 열기구를 발명하는 데 성공했다.

*발명가, 형 1740-1810
동생 1745-1799 | 프랑스*

제임스 하그리브스
MISTAKES

하그리브스가 발명한 '제니 방적기'는 한 번에 80가닥의 실을 짤 수 있는, 당시에는 최첨단 기기였다. 이제 더 효율적으로 일을 할 수 있다고 생각했는데 방적기를 본 일꾼들은 기계가 자신들의 일을 빼앗을 거라는 불안감에 방적기를 부숴 버렸다. 하그리브스는 동네에서 쫓겨나기까지 했다. 하지만 시간이 흐르면서 방적기의 성능이 널리 인정되었고 일반 시민도 사용하기 시작했다. 그의 방적기는 영국에서 일어난 산업 혁명에 크게 기여했다.

발명가·목수, 1720-1778 | 영국

리처드 트레비식
MISTAKES

트레비식이 개발한 차 '연기 뿜는 악마'는 런던을 한 바퀴 돌았지만, 증기의 열을 견디지 못해 고장 나고 말았다. 실패를 거듭하여 세계 최초의 증기 기관차를 탄생시켰지만 이마저도 마차용 레일이 기관차의 무게를 견디지 못해 실패. 그럼에도 트레비식의 발명은 철도의 기초를 쌓았고 후배 발명가들에게 새로운 길을 열어 주었다.

발명가·기술자, 1771-1833 | 영국

편리해서 좋아할 줄 알았는데…

다음 세대로 패스…!

스릴이 넘쳐요!

조지 스티븐슨

그가 만든 기관차 '로커모션'은 90톤의 열차를 시속 20km로 끌 수 있었다. 그러나 시뻘건 굴뚝이 화염을 뿜어내는 모습을 보고 사람들은 '불을 뿜는 용' 같다며 무서워했고, 보일러와 실린더는 설계 문제로 폭발하는 등 문제투성이였다. 하지만 이후 약점을 보완한 '로켓호'를 개발했고 영국의 철도 기관차 경연 대회에서 우승을 차지했다. 스티븐슨은 세계 최초로 선로를 달리는 증기 기관차를 발명해, '증기기관차의 아버지'로 불리게 되었다.

기계 기술자, 1781-1848 | 영국

너무 몰두하지 말 것!

마이클 패러데이

발전기와 '패러데이 모터' 등을 발명하여 전기 기술의 발전에 기여한 전기학의 아버지 패러데이. 그는 어릴 때부터 발명가가 되고 싶었지만 집이 가난해서 학교에 다니지 못했다. 어른이 된 그는 꿈을 이루기 위해 일을 하면서 학교에 다니고 지식을 쌓았다. 그런데 충분한 휴식 없이 연구에 몰두하는 바람에 병이 들어 버렸다. 열정도 좋지만 건강 관리를 소홀히 하면 안 된다는 교훈을 남겼다.

화학자·물리학자, 1791-1867 | 영국

점으로 마음을 전합니다

루이 브라유

다섯 살 때 사고로 시력을 잃은 브라유. 당시 점자(손가락으로 읽도록 만든 시각 장애인용 문자)는 복잡해서 책을 읽는 데 엄청난 시간이 걸렸다. 그는 더 쉬운 점자를 만들기 위해 노력하여 불과 열여섯 살에 6개 점을 조합하여 글자로 나타내는 새로운 점자를 발명했다. 그러나 처음에는 익히기 어려워 좀처럼 세상에 퍼지지 않았다. 점자 해설서까지 만들고 나서야 겨우 공식적인 글자로 인정받았다. 그가 죽고 2년 뒤의 일이었다. 6개 점으로 된 점자는 오늘날 눈이 불편한 전 세계의 많은 사람에게 도움을 주고 있다.

점자 개발자, 1809-1852 | 프랑스

졸음이 낳은 대발명

찰스 굿이어

생고무는 높은 온도에서 흐물흐물해지거나 끈적거렸다. 굿이어는 높은 온도에서도 탄력 있는 새로운 고무를 만들고자 했다. 그러나 아무리 연구해도 이상적인 고무를 만들 수가 없었다. 그러던 어느 날, 실험을 하다 유황이 붙은 고무 신발을 신은 채 난로 앞에서 졸아 버렸다. 잠이 깬 굿이어는 신발을 보고 깜짝 놀랐다. 고무 신발이 바로 그가 원하던 탄력 있는 고무로 변해 있었기 때문이었다. 이를 계기로 발명한 '가황 고무'는 자동차 타이어를 비롯해 다양한 곳에 널리 사용되었다.

발명가·사업가, 1800-1860 | 미국

앙리 지파르

지파르는 둥근 열기구를 타원형으로 바꾸고 증기로 움직이는 프로펠러를 달아, 커다란 고래처럼 하늘을 나는 비행선을 만들었다. 이것이 제1호 비행선이 되었으나 조종하기 어렵고 속도는 사람이 걷는 정도로 느렸다. 맞바람을 맞을 때는 뒤로 밀리기까지 했다. 생각대로 안 되자 지파르는 비행선 발명을 포기해 버렸다. 위대한 발명가라도 더 이상 되지 않을 때는 중도 포기하는 경우가 있다.

기술자, 1825-1882 | 프랑스

걷는 것보다 느리게 가는 비행선

죽어서도 평화를 지키고 싶어

MISTAKES 노벨

노벨은 사람들에게 도움이 되고 싶어서 '다이너마이트'를 발명했다. 다이너마이트를 이용하면 터널과 광산을 안전하면서도 짧은 시간에 팔 수 있었기 때문이었다. 그런데 이것이 전쟁터에서 무기로 사용되는 바람에 그는 '죽음의 상인'이라고 불리기 시작했다. 슬픔에 젖은 노벨은 죽기 전에 유언을 남겼다. 물리학·화학·의학·문학·평화, 이 다섯 분야에서 해마다 인류의 복지에 기여한 사람에게 상을 주라는 그의 유언에 따라 만들어진 것이 지금의 노벨상이다.

발명가·기업가, 1833-1896 / 스웨덴

MISTAKES 벨

어느 날, 전화기를 연구하던 벨은 실수로 위험한 약품을 쏟아 버렸다. 당황한 벨이 "왓슨, 빨리 와 보게!" 하며 조수 왓슨을 불렀는데, 그 목소리가 다른 방에 있었던 전화기로 또렷하게 들렸다. 바로 이것이 세계 최초로 전화 실험에 성공한 순간! 처음 전화로 목소리가 연결된 순간은 이처럼 우연히 일어난 셈이다.

과학자·발명가, 1847-1922 / 미국

첫 통화는 사고가 나는 바람에…

MISTAKES 엘리샤 그레이

그레이는 전화 실험을 거듭해 설계도까지 만들었는데 '이걸 어디에 쓰지?' 하고 고민하는 사이, 벨이 전화를 발명하는 데 성공한다. 비슷한 시기에 그레이도 전화의 쓰임새를 깨닫고 특허를 신청했지만 불과 2시간 전에 벨이 먼저 특허를 받아 냈다. 그레이는 억울했지만 아랑곳하지 않고 팩스의 원형을 발명하고 전기 업체를 설립해 성공을 거두었다. 라이벌에게 지고 나서도 굴복하지 않았던 그레이에게 박수!

발명가·기술자, 1835-1901 / 미국

복화술 아니에요

MISTAKES 에디슨

에디슨이 축음기를 발명하고 자신의 목소리를 녹음하여 자신만만하게 발표하자 '대단한 발명품'이라는 소문이 돌았다. 이를 본 한 러시아 상인이 돈을 벌기 위해 거리에서 축음기를 틀어 주며 팔기 시작했다. 하지만 "기계에서 목소리가 나올 리 없어! 저건 복화술(입을 움직이지 않고 말하는 기술)이야!"라는 비난을 받고 가짜 기계를 판 죄로 체포되었다. 그렇게 러시아 상인은 석 달이나 감옥에서 지내야 했다. 사람들에게 발명품을 이해시키는 것도 꽤 힘든 일이다.

발명가·기술자, 1847-1931 / 미국

한발 늦어도 다른 길이 있어

꾸준히 20년 동안…

그런 일도 있었지.

지각 때문에 억울하게… 딛고 일어서자!

정확한 시계를 만드는 열쇠는 전지에 있어!

건전지 발명.

MISTAKES! 루돌프 디젤

루돌프 디젤의 이름을 딴 디젤 엔진은 무려 20년에 걸친 실험의 결과물이다. 시험적으로 제작한 엔진이 폭발해 자칫 목숨을 잃을 뻔하는 등 실패를 거듭하면서도 연구를 포기하지 않았던 그는 38세에 마침내 디젤 엔진을 완성했다. 디젤 엔진은 증기 기관 대신 배와 트럭 같은 큰 교통수단에 쓰이게 되었다. 20년 동안 한 가지 일에 열중한다는 건 얼마나 어려운 일일까?

기술자, 1858-1913 | 독일

MISTAKES! 야이 사키조

고등학교 입학 시험일에 시간이 맞지 않은 태엽식 시계 탓에 지각하여 결국 실격당한 야이. '시간이 정확하게 맞는 시계가 있었다면 이런 일은 없었을 거야.'라며 정확하게 움직이는 전지식 시계를 만들었다. 그러나 당시의 전지는 액체식이었기 때문에 내용물이 새어 나와 부품이 녹슬거나 겨울에는 얼어서 못 쓰는 등 단점이 많았다. 그래서 야이는 액체가 새지 않는 전지를 만들기로 했고 실패를 거듭한 끝에 건전지를 발명하는 데 성공했다.

발명가, 1864-1927 | 일본

MISTAKES! 라이트 형제

존경하던 릴리엔탈의 추락 사고를 뉴스로 본 라이트 형제. 충격을 받은 두 사람은 '나는 것만큼 중요한 것은 안전하게 착륙하는 것'이라는 생각으로 비행기 개발을 시작했다. 선배의 실패에서 배우고 자신들도 실패를 거듭하면서 드디어 세계 최초로 엔진이 달린 비행기 '라이트 플라이어 1호'를 완성. 강풍 속에서 36m를 12초 동안 비행하는 데 성공했다. "선배님의 꿈을 드디어 이루었어요!"라는 말이 들려오는 듯하다.

기술자·파일럿, 형 1867-1912
동생 1871-1948 | 미국

릴리엔탈 선배의 이름을 걸고

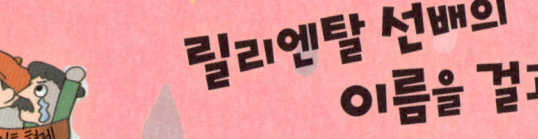

나머지는 너희들에게 맡기마!
넵!
라이트 형제

내가 기꺼이 희생할게!

MISTAKES! 오토 릴리엔탈

하늘을 향한 열정이라면 릴리엔탈을 이길 사람이 없을 것이다. 6년 사이에 2,000번 이상 글라이더로 하늘을 나는 실험을 했는데, 어느 날 실험 중에 바람에 흔들려 15m 높이에서 떨어졌다. 그는 목숨을 잃었지만 이 사고를 계기로 라이트 형제가 비행기 연구를 시작했다. 릴리엔탈은 "과학의 발전에는 희생이 따르는 법"이라고 말했다. 열정 끝에 있는 실패는 다음 세대를 키우는 힘이 된다.

발명가, 1848-1896 | 독일

해냈군!
동생 오빌
감격!
형 윌버

우연이 만들어 낸 안전

MISTAKES
에두아르 베네딕투스 루돌프

베네딕투스는 실험 중에 실수로 유리 플라스크를 떨어뜨렸다. 그런데 유리는 조각나지 않고 금만 갔을 뿐. 신기한 마음에 자세히 살펴보니 플라스크 안쪽에 얇은 필름이 붙어 있었다. 필름의 정체는 그 전의 실험에서 사용한 콜로디온이라는 액체가 증발하고 남은 것. 그는 이 현상을 응용해 안전유리를 발명, 자동차 유리 등에 쓰게 되었다. '왜일까?' 하고 생각하는 것이 발명의 비결일지도 모른다.

과학자·발명가, 1878-1930 | 프랑스

폭발 안 했거든!

MISTAKES
로버트 고더드

고더드는 역사상 최초로 액체 연료를 이용한 로켓 발사에 성공한 인물이다. 발사에 성공하기 전까지 그는 수많은 실험을 했는데 로켓 실험을 할 때마다 엄청나게 큰 소리가 발생해 소방서에 신고를 당하기도 했다. 더구나 신문에는 '달을 향해 로켓을 쏘았으나 실패하여 공중에서 폭발했다'라는 가짜 기사가 나오기까지 했다. 결국 그 지역 안에서 고더드의 로켓 실험은 금지되었다. 하지만 이 뉴스가 화제가 된 덕분에 연구 자금을 받아 새로운 실험장을 만들 수 있었다.

발명가·로켓 연구가, 1882-1945 | 미국

우주에 가는 것이 나의 꿈

MISTAKES
폰 브라운

어릴 때 어머니가 준 망원경에 관심을 가진 브라운. 어른이 된 뒤 로켓 개발을 시작했지만 바로 추락해 버리거나 아예 날지도 못하는 게 많았다. 제2차 세계 대전 말, 혼란 속에서 그는 독일에서 미국으로 건너가 더욱 적극적으로 우주 개발에 참여했고 그곳에서 겪은 많은 실패를 바탕으로 최첨단 로켓을 개발하는 데 성공했다. 과거의 실패가 미래의 성공에 도움이 된 것이다.

로켓 공학자, 1912-1977 | 폴란드·미국

MISTAKES
안도 모모후쿠

추운 겨울, 국숫집 앞에 길게 줄 선 사람들을 보고 모모후쿠는 언제 어디서든 간편하게 먹을 수 있는 음식을 개발하기로 결심했다. 면을 햇볕에 말리거나 훈제로 만드는 등 다양한 방법으로 가공하는 실험을 1년 내내 밤낮없이 해 봤지만 실패. 그런 와중에 아내가 튀김 요리를 하는 모습을 보고 면을 기름에 튀겨 보기로 했다. 그리하여 탄생한 것이 지금의 인스턴트 라면이다.

기업가·발명가, 1910-2007 | 대만 출신 일본인

발명의 힌트, 아주 가까운 곳에 있었네

세계 최초의 인스턴트 라면

예술가의 실패와 실수

예술가들은 그림, 음악, 소설 등을 통해 다양한 명작을 남기고 후세에까지 감동을 전해 주었다. 그들은 작품만큼이나 성격도 개성이 넘쳐서 쉽게 화를 내기도 하고 빠르게 좌절하기도 했다. 불타는 열정과 자기만의 고집으로 서투르지만 '나답게 표현하는 일'에 충실했던 그들의 실패와 성공 이야기를 살펴보자.

MISTAKES!
바흐

서양 음악의 기초를 만든 작곡가, '음악의 아버지'로 불리는 바흐. 완벽주의자였던 그는 음악에 관해서는 타협을 몰랐다. 젊은 시절, 그는 교회에서 악단을 지휘하다 바순 연주자에게 "나이 든 염소 같은 소리야!" 하고 호통쳤다. 그 연주자와는 나중에 검으로 싸우는 지경까지 이르렀다. 누구보다 열정적으로 음악에 매진했던 바흐. 열정만큼 성격도 불같아서 주변 사람들과 부딪치는 경우가 잦았던 모양이다.

작곡가·오르가니스트, 1685-1750 | 독일

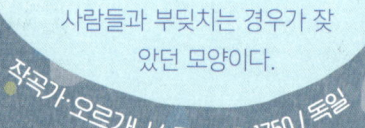

MISTAKES!
모차르트

다섯 살 나이에 작곡을 시작한 모차르트. 음악가로 살아가기 위해 아버지와 함께 연주 여행을 다녔다. 그러나 현실은 녹록지 않았다. 16세에 겨우 궁정 음악단에 들어갔지만 교회 대주교와 사이가 좋지 않거나 월급이 너무 적어서 불만이 많았다. 결국 25세 때 악단을 나와 버렸는데, 그래도 가족을 부양하기 위해 필사적으로 작곡한 〈피가로의 결혼〉이 대히트를 쳐서 음악가로서 성공을 거둘 수 있었다.

작곡가, 1756-1791 | 오스트리아

MISTAKES!
미켈란젤로

르네상스 예술을 대표하는 위대한 미술가 미켈란젤로. 그런 그도 어릴 적에는 철이 없었다. 하루는 토리지아노라는 세 살 많은 조각가의 데생을 보고 '너무 못 그렸다'며 놀린 적이 있었는데, 이에 화가 난 토리지아노가 미켈란젤로의 얼굴을 때려 코뼈가 부러지는 일이 있었다. 이 때문에 미켈란젤로의 코 모양은 휘어 버렸고, 그는 죽을 때까지 휘어진 코 모양에 신경 쓰면서 살았다고 한다. 철없이 남을 놀리거나 장난치지 말 것!

화가·조각가, 1475-1564 | 이탈리아

한때는 '별로'였어요

졸작

관객 — 너무 길어…
오케스트라 — 너무 어려워!

MISTAKES! 베토벤

〈교향곡 9번〉은 처음 연주했을 때 사람들에게 사랑을 받았지만 그 인기가 금방 식어 버렸다. 연주하는 데 1시간 이상 걸려서 관객들이 지루해하고 연주하기가 너무 어렵기 때문이었다. 그러다 '졸작'이라고 불리기 시작하고 사람들의 기억에서 사라졌다. 그랬던 곡이 오늘날 가장 유명한 클래식 곡 중 하나가 된 이유는 베토벤에게 영향을 받은 음악가들 덕분이다. 그들이 이 곡을 다듬고, 해설서를 만들어 부활시켰기 때문이다. "좋은 작품을 만들고 싶다!"라는 간절한 마음은 반드시 누군가에게 전달되기도 한다.

작곡가, 1770-1827 | 독일

좋은 이야기를 모아 들려줄 거야!

형 야코프
그림 동화
헨젤과 그레텔
백설 공주
동생 빌헬름
빨간 모자
얘네들은 독창성이 없어…

MISTAKES! 그림 형제

그림 형제는 독일의 사라져 가는 전설과 신화를 책으로 만들어 후세에 남기려고 했다. 사람들은 그들의 작업을 두고 "전해 들은 이야기를 정리한 것일 뿐, 직접 만든 이야기가 훨씬 더 가치 있다."라고 평가했다. 그럼에도 절대 포기하지 않고 끝까지 이야기를 모아 〈그림 동화〉를 발표했다. 이후 〈백설 공주〉, 〈헨젤과 그레텔〉, 〈빨간 모자〉 등을 세계에 널리 알렸고, 〈그림 동화〉는 지금까지 160여 개 언어로 번역된 고전으로 남게 되었다.

언어학자·문헌학자, 형 1785-1863, 동생 1786-1859 | 독일

MISTAKES! 슈베르트

슈베르트는 같은 시대에 활약한 괴테의 시에 감동하여 수많은 작품에 곡을 붙였다. 그러나 괴테는 그의 음악을 인정하지 않았다. 대표작 〈마왕〉의 악보를 받았을 때는 화를 내며 돌려보냈을 정도. 한편 슈베르트의 곡을 높이 산 친구들이 이 곡들을 꾸준히 연주하면서 어느새 세계로 퍼져 나갔다. 평생 1,000개 이상의 곡을 만들었고 그중 600개가 가곡이었기 때문에 슈베르트는 '가곡의 왕'으로 불린다.

작곡가, 1797-1828 | 오스트리아

괴테

존경의 마음을 담아 곡을 썼지만…

꼭 연극을 하고 싶어

형편없어!

안데르센의 동화
〈인어 공주〉〈미운 오리 새끼〉

MISTAKES! 안데르센

소년 시절부터 연극을 사랑했던 안데르센은 연극배우가 되기 위해 노래와 춤까지 익혔지만 잘 되지 않아 결국 좌절했다. 그래도 연극을 하고 싶어 각본에 도전했지만, 학교를 중퇴했던 그는 글솜씨가 부족해 또 좌절. 뭘 해도 풀리지 않았지만 그의 열정을 높이 산 극장 지배인은 그를 학교에 입학시켰다. 그곳에서 글쓰기 실력을 키워 어린이들의 사랑을 받는 동화를 쓸 수 있었다.

동화작가, 1805-1875 / 덴마크

이름을 따라 썼다고 다퉜지만…

녹색 옷을 입은 여인

피리 부는 소년

모네 → 흉내 내지 마! ← 마네

MISTAKES! 마네

같은 시대에 파리에서 활약한 마네와 모네. 서로 비슷한 이름 때문에 어처구니없는 사건이 생겼다. 한 전람회에서 마네의 그림이 입선했다는 소식을 듣고 직접 보러 갔더니 본 적도 없는 그림이 자신의 이름으로 전시돼 있었던 것. 마네는 "내 이름을 써서 유명해지려는 사람이 있다!"라며 화를 냈는데 알고 보니 그것은 모네의 그림이었다. 그리고 야속하게도 마네의 그림은 낙선. 모네는 "이건 내 본명이며 결코 흉내 낸 게 아니다! 하지만 헷갈리기 쉬우니 다음부터는 성과 이름을 함께 쓰겠다."라고 약속했다.

화가, 1832-1883 / 프랑스

오라, 나의 시대!

드디어 완성!
청동 시대

〈청동 시대〉는 인간이 세상에 처음 태어난 시대를 뜻하며 그것을 지금 막 깨어나려는 청년의 모습으로 표현했다.

MISTAKES! 로댕

19세기를 대표하는 조각가 로댕은 미술 학교 시험에 세 번이나 떨어졌다. 입학을 포기한 로댕은 실내 장식공으로 일하면서 혼자 조각의 기술을 닦았다. 어느 날 이탈리아에서 미켈란젤로의 작품을 본 그는 큰 감명을 받고 귀국하자마자 조각상을 만들기 시작했다. 그렇게 완성한 것이 〈청동 시대〉라는 동상이었다. 이 작품은 완성도가 너무 뛰어나 사람들이 "살아 있는 사람을 본뜬 게 아닌가?" 하고 의심할 정도였다.

조각가, 1840-1917 / 프랑스

모네도 고생이 많았다

인상, 일출
아르장퇴유 부근의 개양귀비꽃
라 그르누이에르
까치
산책, 양산을 쓴 여인

안 팔리네….
사라져 버리고 싶다.

MISTAKES! 모네

지금은 유명한 예술가로 알려져 있지만, 사실 40세까지 모네의 그림은 제대로 평가받지 못했다. 풍경화는 인기가 없어 아무리 그려도 팔리지 않아, 그는 젊은 나이에 빚을 져야만 했다. 모네는 생활이 어려워 매일매일 괴로워하면서도 그 전까지 아무도 하지 않았던 '빛의 움직임을 그리는 일'에 도전했다. 대표작〈수련〉은 평생을 바쳐 만들고자 했던 그의 스타일이 집대성된 작품이다.

화가, 1840-1926 / 프랑스

마술사도 좌절한 적이 있어

MISTAKES! 마티스

마티스는 해마다 전람회에 출품했지만 그의 참신하고 독특한 화풍을 아무도 이해하지 못했다. 돈을 내고 출품하는 전람회에서도 거절당할 정도였다. 당시 라이벌이었던 피카소도 마티스의 대표작 〈댄스〉를 보고 콧방귀를 뀌었다. 낙심한 그는 친구에게 "그림은 정말 어려워. 힘들기만 할 뿐이야."라고 푸념하곤 했다. 하지만 그는 건강이 안 좋아져 침대에서 보내는 시간이 많아진 순간에도 색종이 그림이라는 새 장르에 도전했고, 마침내 '색채의 마술사'라고 불리게 되었다.

화가, 1869-1954 / 프랑스

MISTAKES! 몽고메리

소설을 완성한 몽고메리는 곧바로 출판사 몇 곳에 원고를 보냈지만 모두 거절당했다. 그녀는 할 수 없이 원고를 모자 상자에 담아 창고 깊숙이 넣어 놓았고 그 사실조차 잊어버렸다. 몇 년이 지나 창고에서 물건을 찾던 몽고메리는 우연히 그 원고를 발견하고 다시 한번 출판사에 보내, 마침내 출간 제안을 받았다. 그 작품이 바로 〈빨간 머리 앤〉이다. 전 세계에서 사랑받는 베스트셀러는 한때 창고에서 숨죽이며 때를 기다린 것이다.

소설가, 1874-1942 / 캐나다

MISTAKES! 피카소

피카소는 짧은 기간에 너무 많은 작품을 그려서 표절을 의심받은 적이 있다. 그때 그는 "보통 사람은 흉내 내고 천재는 훔친다."라고 당당하게 말했다. 그는 당시 유행하는 작품에서부터 아프리카 조각까지 온갖 예술에서 자극을 받았고, 그것을 자신의 작품에 응용했다. 그 결과, 독창적인 피카소만의 작품을 만들 수 있었다. 많은 작품이 실패작이라는 평가를 받았지만, 그것은 그가 늘 새로운 도전을 했다는 증거. 평생 만들어 낸 작품이 14만 점 이상으로 '가장 많은 작품을 만든 미술가'로 기네스북에 오르기도 했다.

화가, 1881-1973 / 스페인

피카소의 대표작

〈우는 여인〉

〈게르니카〉 등등

좋은 점은 훔치겠습니다

〈아비뇽의 처녀들〉이라는 작품에 그려진 여자의 표정은 아프리카 가면에서 영향을 받은 것

묵혀 두었는데 베스트셀러

〈빨간 머리 앤〉

비꼬고 풍자하며 평화를 외치다!

MISTAKES! 채플린

제2차 세계 대전 중에 만들어진 채플린의 영화 〈살인광 시대〉. "1명 죽이면 살인범이지만 전쟁으로 100만 명을 죽이면 영웅이 된다."라고 비꼬는 대사로 전쟁을 비판했더니 "전쟁터에서 싸운 병사를 욕하고 있다!", "살인해도 된다고 말하는 영화다!"라는 비판을 들어야 했다. 결국 흥행 참패! 미국에서 쫓겨난 채플린은 영국에서 꾸준히 영화를 만들어 나갔다. 전쟁이 끝난 뒤 그가 영화를 통해 호소하고 싶었던 바가 인정됐고 아카데미 명예상을 수상, 20년 만에 미국으로 돌아가 평화를 외친 희극인으로 다시 주목받았다.

영화 배우·감독, 1889-1977 | 영국

달리의 명화 〈기억의 지속〉

너무 특이해서 목숨을 잃을 뻔

MISTAKES! 달리

화가 달리는 아주 독특한 사람이었다. 프랑스 빵을 머리에 이고 다니거나 코끼리를 타고 거리를 거닐며 자신의 몸으로 예술을 표현했다. 런던에서 열리는 강연회에 초대받은 그는 놀랍게도 잠수복을 입고 나타났다. 그러고는 강연 중간에 호흡 곤란에 빠져 버렸다. 관객이 도와줘서 꽉 끼는 잠수복을 벗고 겨우 목숨을 건졌는데 "절대 벗기 싫어!"라며 소란을 피웠다. 예술을 향한 의지는 높이 살 수 있겠지만, 죽으면 아무 소용이 없지 않을까?

화가, 1904-1989 | 스페인

MISTAKES! 생텍쥐페리

비행기 조종사였던 생텍쥐페리는 비행기 추락 사고를 당한 뒤 군대에서 나왔다. 그래도 비행을 포기하지 못해 이후에는 사막에서 비행기로 우편물을 배달하는 일을 했다. 소설을 쓰는 일도 했던 그는 비행기와 파일럿을 소재로 한 소설을 쓰기 시작했다. 별이 총총한 사막의 밤하늘과 저 너머까지 펼쳐지는 지평선을 본 순간 〈어린 왕자〉의 아이디어가 떠올랐다. 어떤 경험이라도 이야기로 만드는 능력이 대단한 소설가였다.

소설가·파일럿, 1900-1944 | 프랑스

비행의 꿈이 낳은 명작

〈어린 왕자〉

그 유명한 비틀스도 불합격의 쓴맛을!

MISTAKES! 비틀스

비틀스는 데뷔를 결정짓는 오디션에서 낯선 기기를 잘 다루지 못해 연주에 실패하고 "개성도 없고 기타가 중심이 되는 밴드는 한물갔다."라는 평을 받으며 불합격했다. 런던에 있는 모든 음반 회사에 접촉해 봤지만 무참히 거절당하기 일쑤였다. 그때의 좌절감을 원동력으로 연습을 거듭한 뒤 도전한 오디션에서는 자신들만의 곡을 연주해 멋지게 합격했고, 마침내 데뷔할 수 있었다.

록 그룹, 활동 기간 1960-1970 / 영국

고민거리가 기회로! 저마다 맞는 게 있어

MISTAKES! 오드리 헵번

헵번이 발레 학교에 다니며 수석 발레리나를 꿈꾸던 어느 날, 그녀는 선생님에게 "키가 크고 몸에 근육량이 적어 발레리나로는 어울리지 않아."라는 말을 들었다. 그 말에 헵번은 꿈을 포기하고 연극 무대와 영화에서 단역을 맡아 연기를 시작했다. 그런 헵번에게 한 영화감독이 다가와 그녀의 체형이 청순한 소녀의 이미지에 딱 어울린다며 주연을 제안했다. 그렇게 출연하게 된 영화가 〈로마의 휴일〉이었고 그녀는 이 작품으로 아카데미 여우주연상을 받았다.

배우, 1929-1993 / 영국

MISTAKES! 스티븐 킹

스티븐 킹도 처음에는 소설이 잘 써지지 않아 고민했다. 특히 소녀를 주인공으로 소설을 쓰고 있을 때 여자의 마음을 알 수 없어서 자포자기한 그는 원고를 쓰레기통에 던져 버렸다. 그 모습을 본 아내 타비사는 "재미있어! 힘내!" 하고 격려했고 여성 캐릭터에 대해 조언을 해 주었다. 그렇게 해서 탄생한 첫 장편 소설 〈캐리〉는 베스트셀러가 되었다. 이후에도 그의 작품은 세계 각국에서 읽히며 큰 사랑을 받았다.

소설가, 1947- / 미국

기업가의 실패와 실수

세계에는 다양한 상품과 서비스를 제공하는 기업이 많다. 그중에는 몇백 년 전에 생긴 회사도 있고 몇천 명이 일하는 큰 회사도 있는데, 대부분의 회사는 한 사람의 아이디어에서 시작되었다. 상품이 팔리지 않으면 기업이 망할 수 있는데도 끝까지 희망을 잃지 않은 기업가들의 치열한 실패와 성공 이야기를 살펴보자.

무려 배까지 샀는데…

MISTAKES! 클라크

"소년이여, 야망을 품어라!"라는 명언으로 유명한 클라크. 그는 학생들의 가슴을 설레게 하는 학교를 만들기 위해 큰 배에 학생 300명을 태우고 2년 동안 세계를 여행하면서 배울 수 있는 해상 대학을 기획했다. 그런대로 반응도 좋고 2,000명의 학생이 관심을 보였기 때문에 자신감을 얻은 그는 선생님과 승무원을 모집하고 배를 샀다. 그러나 실제로 모인 사람은 4~5명뿐. 결국 마지막까지 인원이 모자라 기획은 중단되었다. 야망을 품었지만 실현하지는 못했던 것이다.

교육자·과학자, 1826-1886 | 미국

여러 차례 파산을 이겨 내고

컨베이어 시스템
조립하거나 가공해야 할 재료가 컨베이어를 타고 돌아가면 순서대로 서 있는 작업자가 부품을 달거나 조립하는 등 각자 맡은 일을 하는 방식.

제가 고안한 생산 방식입니다.

MISTAKES! 헨리 포드

포드는 돈이 많지 않은 사람들도 살 수 있는 자동차를 만들기 위해 자동차 회사를 세웠다. 그러나 생각보다 비용이 많이 들어 결국 21대를 만들고 회사가 무너졌다. 그 후에도 자동차 회사를 만들고 파산하기를 다섯 번이나 반복했다. 하지만 많은 실패에도 포기하지 않고 연구를 계속해 마침내 '컨베이어 시스템'을 개발, 자동차를 대량으로 생산할 수 있게 되었고, '자동차의 왕'으로 불리게 되었다. 실패를 겁내면 아무것도 못 한다는 것을 그를 통해 배울 수 있다.

엔지니어·기업가, 1863-1947 | 미국

아내 덕분에 대성공

고마워…!

MISTAKES! 카를 벤츠

벤츠가 발명한 인류 최초의 가솔린 자동차 페이턴트 모터바겐은 처음에 전혀 팔리지 않았다. 당시의 이동 수단은 마차가 주를 이뤘고 아무도 '자동차'라는 것을 몰랐기 때문이다. 이때 아내 베르타는 남편의 발명이 매우 쓸모 있다는 것을 보여 주겠다며 두 아이를 태우고 100km를 운전해서 주목을 받았다. 그녀는 자동차를 알리고 다니면서 사람들로 하여금 "이제 마차는 필요 없어!"라고 말하게 했다. 새로운 것을 만들어 내는 것만큼이나 사람들을 이해시키는 일도 매우 중요하다.

자동차 기술자, 1844-1929 | 독일

재미 삼아 만든 게 고급 브랜드로

MISTAKES! 코코 샤넬

코코 샤넬은 가수를 꿈꾸며 오디션을 봐 왔지만 보는 족족 떨어졌다. 꿈을 포기한 그녀는 남는 시간에 모자를 만들기 시작했는데 그 당시에는 보기 힘든 단순하고 멋진 디자인이어서 친구들에게 인기가 좋았다. 그래서 친구의 도움을 받아 모자 아틀리에를 열었고 이후 파리에 모자 전문점을 오픈. 이것이, 누구라도 한 번쯤 관심을 갖는 유명 패션 브랜드 샤넬의 시작이었다.

패션 디자이너, 1883-1971 | 프랑스

내가 만든 회사인데

뭐? 날 내쫓아?

1세대 Mac

MISTAKES
스티브 잡스

아이폰과 맥북 등을 만드는 전자 회사 애플을 탄생시킨 스티브 잡스. 그는 자신이 만든 회사 애플에서 쫓겨난 적이 있다. 1세대 맥 컴퓨터를 내놓았을 때 회사가 적자가 나자 당시 함께 CEO를 맡았던 스칼리가 잡스를 회사에서 내쫓기로 한 것. 그즈음부터 애플의 실적은 더욱 악화되었다. 한편 잡스는 애플을 나와서도 다른 회사에서 컴퓨터 개발을 계속했다. 5년 후 그는 애플의 CEO로 복귀했다. 잡스는 그 5년간의 경험이 있었기 때문에 아이폰이 탄생할 수 있었다고 말했다.

기업가·자산가, 1955-2011 / 미국

'꿈의 나라'를 꿈꾸며

꿈의 나라를 만들 거야. 돈을 빌려줘!

대출

MISTAKES
월트 디즈니

월트 디즈니는 아이도 어른도 즐길 수 있는, 세계에서 가장 행복한 공간을 만들고 싶었다. 건설에 필요한 돈을 빌리러 은행에 갔지만 역시나 쉽지 않았고 무려 302번이나 거절당했다. 꿈을 이루고 싶었던 그는 자신의 목표를 전달하기 위해 〈디즈니랜드〉라는 TV프로까지 만들어서 열정적으로 알렸다. 구상을 시작한 지 15년 후, 303번째 투자 요청을 했을 때 드디어 자금 조달에 성공, 이로써 캘리포니아에 디즈니랜드가 만들어졌다.

애니메이터·기업가, 1901-1966 / 미국

1,009번이나 거절 당했어…

인기 폭발!

MISTAKES
커넬 샌더스

어릴 때부터 생계를 위해 40개 이상의 일을 해 왔던 샌더스. 고생 끝에 창업한 레스토랑은 화재로 타 버렸다. 매장을 겨우 다시 수리했지만 고속도로가 뚫리는 바람에 들렀다 가는 차가 줄어들어 손님이 더 이상 찾아오지 않게 되었다. 할 수 없이 가게 문을 닫았지만 그는 포기하지 않았다. 레스토랑에서 인기 있던 프라이드치킨을 다른 가게에서 팔도록 하기 위해 미국 곳곳을 돌아다니며 영업을 했다. 거절당한 횟수는 무려 1,009번! 마침내 치킨 조리법을 가르치는 대신 돈을 받는 프랜차이즈 사업을 시작했는데, 그의 나이 65세 때였다. 이 치킨이 바로, 지금은 이름만 들어도 누구나 아는 KFC다.

기업가, 1890-1980 / 미국

학자의 실패와 실수

역사적으로 다양한 연구에 몰두한 사람들이 있었다.
"사람은 원숭이와 같은 조상으로부터 진화했다"라고 말한 생물학자,
"지구는 태양 주위를 돌고 있다"라고 말한 천문학자……. 그들은 사물의
진리를 찾다가 생각의 차이 때문에 논쟁을 하거나, 지식을 얻는
과정에서 터무니없는 행동을 하는 경우도 있었다. 평생을 배우고
연구하며 살아간 학자들의 열정적인 실패를 소개한다.

진정 훌륭한 왕을 찾아보려 했지만

MISTAKES
공자

노나라의 정승으로 일했던 공자. "배려하는 마음으로 나라를 다스리자."라고 주장했지만, 당시의 권력자는 그런 나약한 마음으로는 전쟁에서 이길 수 없다며 공자를 해고했다. 실망한 공자는 자기와 뜻이 맞는 군주를 찾아 제자들과 함께 길을 떠났다. 하지만 실패하고 14년 뒤 군주가 바뀐 노나라로 다시 돌아오게 된다. 그때 그가 제자들에게 전한 가르침이 〈논어〉라는 책으로 묶였고 오늘날까지 읽히고 있다.

사상가, B.C.551- B.C.479 | 중국

나의 철학을 이해해 줘

MISTAKES
소크라테스

고대 그리스의 철학자였던 소크라테스는 '무지의 지', 즉 '아는 것이 없다는 것을 스스로 아는 것이 지혜'라고 말했다. 소크라테스는 사람들의 무지를 일깨우기 위해 질문을 퍼부었다. 그리고 상대가 대답을 못 하면 "당신은 아무것도 모른다."라고 깨우쳐 주었다. 그러나 이 과정에서 사람들의 미움을 사 고발을 당하게 되었고 긴 소송 끝에 사형 선고를 받는다. 그래도 그는 자신이 옳다고 믿으며 "악법도 법이다."라는 말과 함께 독배를 마셔 죽음을 맞았다.

철학자, B.C.470?- B.C.399 | 그리스

죽기 직전까지 수학에 열중했다

MISTAKES
아르키메데스

지중해를 둘러싸고 로마와 카르타고가 거세게 전쟁을 벌일 때였다. 수학자 아르키메데스는 자신이 살던 도시가 로마군에 의해 함락되었을 때도 연구에 열중하고 있었다. 로마군은 아르키메데스가 만든 무기 때문에 전쟁에서 어려움을 겪었기 때문에 그를 로마로 끌고 가려 했다. 그런 와중에도 그는 모래 위에 앉아 도형을 그리며 수학에 열중했다. 그는 "내 도형을 건드리지 마라!"라며 날뛰어서 로마군 병사에게 목숨을 잃었다. 그는 목숨보다 수학이 더 중요했던 걸까?

수학자·물리학자, B.C.287?- B.C.212 | 그리스

오랜 연구가 잿더미로!

MISTAKES
뉴턴

뉴턴이 빛과 색에 관한 논문을 쓰고 있을 때의 일이다. 잠시 방을 비운 사이 그의 애완견이 책상다리에 부딪쳐 초가 쓰러지고 말았다. 뉴턴이 방으로 돌아왔을 때는 이미 논문 뭉치들이 활활 불타고 있었다. 그 충격 때문에 그는 2년 동안 연구를 하지 못했다고 한다. 그 후 10년이라는 세월에 걸쳐 논문을 다시 썼고 빛의 연구에 큰 발전을 이루었다. 불은 꼭 조심히 다룰 것!

물리학자·수학자·천문학자, 1642-1727 | 영국

갈릴레오 갈릴레이
MISTAKES

갈릴레오는 우주의 모든 천체가 지구를 중심으로 돈다는 '천동설'을 믿던 시대에, 지구와 다른 별들이 태양을 중심으로 돈다는 '지동설'을 주장했다. 이런 주장이 성경의 내용과 어긋난다는 이유로 그는 교회 재판에 넘겨졌다. 당시 성경 말씀을 거스르는 일은 기독교를 부정하는 일과 같았다. "지동설을 계속 주장한다면 사형시키겠다."라는 말에 결국 그는 지동설을 포기했다. 그 뒤로는 집으로 돌아갈 수도, 천문학을 연구할 수도 없게 되었고 병치레가 잦아져 죽고 말았다.

물리학자·천문학자, 1564-1642 | 이탈리아

그래도 지구는 돈다

자신감을 갖는 것이 중요

다윈
MISTAKES

다윈이 '사람은 원숭이와 같은 조상으로부터 진화했다.'는 진화론을 발표했을 때 다른 학자들로부터 비판을 받았고 결국 그는 자신감을 잃었다. 그로부터 14년 뒤 어느 날, 신인 생물학자 월리스가 "제 연구를 읽어 주세요!" 하고 편지를 보내왔다. 펼쳐 보니 다윈의 진화론을 빼닮은 내용이 들어 있었다. 다윈은 "내가 왜 여태까지 머뭇거렸을까!" 하고 후회했고 서둘러 책을 완성했다. 그렇게 출판된 책이 〈종의 기원〉이다.

생물학자, 1809-1882 | 영국

마르크스
MISTAKES

노동자를 위해 빈부 격차를 없애려 사회와 맞서 싸운 경제학자 마르크스. 그런데 경제학에 열중한 나머지 일을 하지 못해 정작 본인은 몹시 가난했다. 생활이 어려워질 때는 친구인 경제학자 엥겔스에게 손을 벌렸다. 런던 철도의 매표원이 되려고도 했지만 덥수룩하게 자란 수염과 엉망진창인 글씨 때문에 불합격. 유명한 경제학자도 개인의 경제생활에는 어려움을 겪었던 것이다.

경제학자, 1818-1883 | 독일

난 경제학자인데

이 도둑놈!

훔치려고
한 건
아니에요

난 학자인데….

MISTAKES
슐리만

41세에 고고학자가 된 슐리만은 신화 속 이야기로만 여겨지던 '전설의 도시 트로이'의 흔적을 찾기 위해 유적 발굴을 시작했다. 그러고는 진짜로 여러 보물을 발견했는데, 그것들은 '트로이 목마'로 유명한 트로이 전쟁(기원전 12세기) 때보다 1,000년은 더 오래된 것이었다. 다만 슐리만은 뒤늦게 고고학을 배운 터라 작업에 실수가 많았다. 그래서 트로이 전쟁 때의 지층을 망치기도 하고 발굴한 보물을 터키 정부 몰래 빼돌리기도 했다. 그 때문에 지금도 터키인들은 그를 '무덤 도둑' 또는 '학자 가면을 쓴 도둑'으로 부르기도 한다.

고고학자·기업가, 1822-1890 | 독일

MISTAKES
파스퇴르

세균학자 파스퇴르는 세균 실험을 거듭하다 우리 주위에 있는 미생물이 병의 원인이라는 걸 알고 결벽증이 생겨 버렸다. 남과 악수하기를 꺼리고 접시나 컵에 조금이라도 뭐가 묻어 있으면 견딜 수 없을 정도여서 사상 최초로 '불결 공포증'에 걸린 사람으로 불린다. 세균과 미생물이 얼마나 무서운 존재인지를 알아 버린 게 병의 원인이 됐다.

화학자·세균학자, 1822-1895 | 프랑스

연구하다가
결벽증에 걸렸어요

꽃의 구조
네?
어떻게 그런 말을!
과학 이야기인데요…
28년에 걸쳐서 쓴
〈곤충기〉
무려 10권!

곧 나의 시대가 올 거야

MISTAKES
멘델

'유전 법칙'을 발견하고 과학잡지에 대대적으로 발표한 멘델. 그러나 거의 화제가 되지 않았다. 당시는 유전자에 대해 많이 알려지지 않았고, 게다가 그의 원래 직업이 성직자였기 때문이다. 다윈에게도 논문을 보냈지만 펼쳐 봐 주지도 않았다. 멘델은 "곧 나의 시대가 올 것이다…."라는 유언을 남기고 죽고 말았다. 그로부터 16년 뒤 드디어 한 학자가 이 법칙을 발견해 멘델의 연구성과가 드러날 수 있었다.

식물학자·유전학자, 1822-1884 | 오스트리아

MISTAKES
파브르

파브르는 교회에서 시민을 상대로 식물에 관한 강의를 했다. 그 자리에서 '식물은 암술과 수술로 수분(꽃의 수정)한다'는 원리를 설명했더니 "신성한 교회에서 어떻게 그런 부도덕한 말을 할 수 있나!" 하고 비난이 쏟아졌다. 이 일로 해고당한 그는 동네에서 쫓겨나기까지 했다. 안정된 수입이 끊겨 낙심하기도 했지만, 그는 이를 계기로 책을 쓰기로 결심. 28년이라는 긴 세월에 걸쳐 〈곤충기〉를 완성했다.

박물학자·곤충학자, 1823-1915 | 프랑스

MISTAKES
하워드 카터

지금은 누구나 이집트의 왕 투탕카멘을 알지만, 그의 무덤이 발견되기 전까지는 베일에 싸인 존재였다. 투탕카멘의 수수께끼를 꼭 풀고 싶었던 카터는 많은 자금을 지원 받아 유적을 발굴했다. 그러나 어디를 파도 투탕카멘의 무덤은 나오지 않았다. 5년 동안 실패를 거듭하면서 발견한 것은 흰 항아리 13개뿐. 5년이라는 시간이 흐르고 연구 자금도 바닥났지만 그는 절대 포기하지 않았다. 1년만 더 시간을 달라고 하고 연구한 끝에 이듬해, 드디어 투탕카멘의 무덤을 발견하는 데 성공했다.

고고학자, 1874-1939 | 영국

투탕카멘을 못 찾겠어

MISTAKES
아인슈타인

아인슈타인은 상대성 이론을 발표했을 당시 대학에 소속돼 있지 않았기 때문에 '아마추어 학자'로 불려 주목받지 못했다. 그래도 연구를 계속하고 싶었던 그는 당시 근무하던 특허국의 일을 날마다 2시간 만에 마치고 물리학에 몰두했다. 이 노력이 결실을 맺어 또 다른 논문으로 인정을 받았고 마침내 교수가 됐다. 그는 상대성 이론을 더 연구해서 설욕하기로 마음먹었다. '공간이 일그러져 있다'는 그의 이론은 세계에서 큰 반향을 일으켰다. 이후 노벨 물리학상을 받은 그는 명실공히 최고의 과학자가 되었다.

물리학자, 1879-1955 | 독일 (미국에서 활약)

옛날엔 비웃음을 받았지

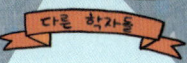

MISTAKES
유카와 히데키

일본인 최초로 노벨상을 수상한 유카와 히데키. 그는 하나의 실패 때문에 물리학의 길을 걷게 되었다. 고등학생 시절, 그는 잘하던 수학 시험에서 66점을 받아 선생님에게 주의를 받았다. 그런데 답안을 보니 틀린 부분이 없었다. 친구에게 물어보니 "선생님이 가르쳐 주신 방법과 다르게 풀었기 때문이야."라는 말을 들었다. 스스로 열심히 생각해서 낸 답인데 선생님을 따르지 않았다는 이유로 틀렸다고 하다니! 유카와는 잘하던 수학에 대한 사랑이 갑자기 식었다. 그 억울한 마음을 물리학에 쏟으면서 물리학자로 성장하게 되었다.

물리학자, 1907-1981 | 일본

잘 있어라, 수학아!

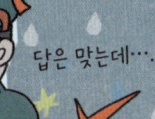

모험가의 실패와 실수

끝없이 이어지는 대륙, 수평선 너머까지 펼쳐지는 대양, 별이 반짝이는 우주. 아직 발견되지 않은 지구와 우주에 호기심을 느낀 사람들이 있었다. 그러나 아직 교통수단과 도로가 발달하지 않은 시대의 모험은 시련의 연속일 수밖에 없었다. 목숨을 건 모험가들의 땀과 눈물의 이야기를 살펴보자.

MISTAKES 4 현장

중국의 승려 현장은 불교 경전을 구하기 위해 인도로 향했다. 가는 길에 눈보라와 폭풍을 맞거나 타고 있던 코끼리가 강물에 빠져 죽을 뻔하는 등 고난의 연속이었다. 돌아오는 길에는 간신히 들고 온 소중한 경전을 강에 빠뜨린 적도 있다. 그런 어려움을 겪으면서도 그는 말 22마리에 경전을 가득 싣고 돌아왔다. 그중 하나인 〈반야심경〉은 많은 사람에게 전해져 지금까지도 읽히고 있다. 사람들은 그를 '삼장 법사'로 높여 불렀다. 여기서 '삼장'은 불교 경전을 뜻한다.

승려, 602-664 | 중국

MISTAKES 4 마르코 폴로

이탈리아의 상인 마르코 폴로는 아시아 여행을 마치고 고향인 베네치아에 돌아가 '쿠빌라이 칸(몽골 제국 제5대 칸이자 칭기즈 칸의 손자)을 만났다'거나 '아시아에 황금의 나라가 있다'는 등 여러 경험을 이야기했다. 사람들은 그의 신기한 이야기를 흥미롭게 듣긴 했지만, 상상을 초월한 이국적인 이야기여서 완전히 믿지 않고 그를 '허풍쟁이 마르코'라고 불렀다. 이후 전쟁에 휘말려 감옥에서 지내던 그는 작가 루스티켈로를 만나 〈동방견문록〉을 썼다. 이 책은 큰 인기를 얻었고 콜럼버스를 비롯한 많은 모험가에게 영향을 주었다.

상인, 1254-1324 | 이탈리아

고생해서 가져왔는데…

거짓말 아니야!

MISTAKES 4 이븐바투타

이븐바투타는 이슬람교의 성지 메카를 순례한 뒤에도 여행을 계속했는데, 산적이나 해적의 습격을 당해 같이 간 동료를 잃기도 하고 배가 침몰하기도 하는 등 많은 위기와 실패를 겪었다. 하지만 그는 어떤 시련이 다가와도 강한 신앙심을 바탕으로 용기를 잃지 않았고 30년에 걸쳐 지구 세 바퀴에 해당하는 12만km를 여행하는 데 성공했다.

여행가, 1304-1368? | 모로코

MISTAKES 4 엔히크

유별나게 모험심이 강했던 엔히크 왕자는 모로코를 정복하기 위해 군대를 보냈는데 현지 이슬람교도들의 저항이 거세 완패했다. 결국 군대 지휘권도 빼앗기고 말았는데 오히려 이 때문에 항해에 집중할 수 있어 미지의 땅 인도를 향하는 항로를 개척할 수 있었다. 이로써 그는 대항해 시대의 막을 연 인물이 되었고 그의 업적을 높이 사 '항해 왕자'로 불렸다.

왕자, 1394-1460 | 포르투갈

리더의 소질은 없었다

많은 일이 있었지만

마지못해 돌아가는 길에…

잘못 알았지만 유명해졌어

MISTAKES 4
바르톨로뮤 디아스

디아스는 인도를 향해 항해하던 중 폭풍을 만나 방향을 잃어버렸다. 겨우 폭풍이 지나 시야가 트일 즈음, 식량도 떨어지고 몸도 너무 지쳐 선원들은 집에 가고 싶다고 아우성이었다. 할 수 없이 되돌아가는 길에 우연히 유럽인으로서는 최초로 아프리카 남단의 곳을 발견! 당시의 왕은 이 발견을 매우 기뻐해 그곳을 '희망봉'이라 이름 붙였다. 이 우연한 발견은 이후 포르투갈의 항해자 바스쿠 다가마가 인도에 도달하는 데 큰 도움이 되었다.

항해자, 1450?-1500 | 포르투갈

MISTAKES 4
크리스토퍼 콜럼버스

콜럼버스는 대서양을 가로질러 동양으로 가기 위해 항해를 시작했다. 드디어 인도에 상륙! 그런데 도착한 곳은 이야기로 들었던 인도와는 풍경도, 사람도 아주 달랐다. 그가 상륙한 곳은 인도가 아니라 아메리카 대륙이었던 것. 그는 죽을 때까지 그곳이 인도였다고 믿었지만, 유럽인 최초로 아메리카 대륙으로 향하는 최단 경로를 발견한 인물로 역사에 이름을 남기게 되었다.

항해자, 1451?-1506 | 이탈리아

MISTAKES 4
페르디난드 마젤란

태평양을 동쪽에서 서쪽으로 횡단하는 항로를 발견한 마젤란. 그는 서쪽 항로를 통해 인도에 다다른 뒤 고향으로 돌아오는 길에 필리핀에서 목숨을 잃었다. 다행히 선원들은 무사히 스페인으로 돌아와 사상 최초로 세계 일주를 달성했다. 그런데 그들에 이어 서쪽 항로로 여행을 한 배들은 폭풍을 맞거나 침몰하는 등 실패의 연속이었다. 해류가 빠르고 바람도 무척 셌기 때문이었다. 결국 위험하다는 이유로 마젤란의 항로는 아무도 선택하지 않게 되었다.

항해자, 1480?-1521 | 포르투갈

목숨을 걸고 도전했지만

제대로 확인하는 것이 중요

아이참, 아니라고!

마리아님…!

MISTAKES 4
바스쿠 다가마

포르투갈에서 아프리카를 돌아 인도로 가는 항로를 개척한 바스쿠 다가마. 그의 목적은 당시 귀했던 향신료를 가져오는 것과 기독교를 믿는 나라를 찾는 것이었다. 인도에 도착한 그는 마침 사원에서 마리아와 똑 닮은 조각상을 보고 "드디어 기독교 나라를 찾았다!" 하며 기뻐했다. 하지만 그가 본 것은 힌두교의 여신. 그는 이후에도 힌두교도를 기독교 신자로 착각했다. 이를 못마땅해한 인도 사람들은 그가 병에 걸리기를 바라기도 했다고. 다른 나라의 문화를 마음대로 해석해서는 큰일 난다.

항해자, 1460?-1524 / 포르투갈

두 번 다시 오지 않을 거야!

MISTAKES 4
아벌 타스만

타스만이 뉴질랜드를 처음으로 발견하고 섬 한쪽에 배를 정박하는 사이, 원주민인 마오리족은 카누를 타고 와 몰래 타스만 일행을 지켜보았다. 마오리족을 발견한 선원은 깜짝 놀라 트럼펫을 불었고 또한 그 소리에 놀란 마오리족도 습격을 당할 거라고 생각해 창으로 공격에 나섰다. 그 결과 타스만 쪽에서도 마오리족에서도 사망자가 나올 만큼 큰 싸움으로 발전해 타스만은 상륙을 포기하고 도망갔다. 이후 이곳을 '살인자의 만'이라 이름 붙이고 두 번 다시 찾아가지 않았다.

탐험가, 1603-1659 / 네덜란드

신으로 오해받아서

여러분, 왜 이러십니까?

신이 돌아오다니 있을 수 없는 일!

MISTAKES 4
제임스 쿡

유럽인 최초로 하와이에 도달하고 남극권에 진입한 영국 탐험가 제임스 쿡. 그는 하와이에서 죽임을 당하는데 죽음의 원인으로 이야기되는 것 중 하나는, 하와이 원주민이 쿡을 신으로 여겼기 때문이라는 것이다. 처음 쿡 일행이 하와이에 도착했을 때 현지에서는 공교롭게도 바다를 건너 돌아오는 신을 모시는 축제를 하고 있었다. 하와이 원주민들은 처음 보는 배와 사람들이 바다 너머에서 다가오는 모습을 보고 "신이 왔다!"라며 대환영했다. 쿡 일행은 잠시 체류한 뒤 섬을 떠났는데 폭풍을 맞아 다시 하와이로 되돌아왔다. 이에 원주민들은 다시 돌아온 신을 이해할 수 없다며 혼란에 빠졌다. 결국 원주민과 갈등을 빚었고 쿡은 죽임을 당했다.

해양 탐험가·해도 제작자, 1728-1779 / 영국

1등을 빼앗기다니

MISTAKES 4
로알 아문센

탐험가 아문센은 아무도 가 보지 못한 북극점에 도달하는 꿈을 꾸고 있었다. 그런데 준비를 하던 중 미국의 탐험가 피어리가 북극점을 먼저 정복했다는 소식을 듣는다. 너무 아쉬웠던 그는 목표를 남극점으로 바꿨다. 같은 시기에 출발한 영국의 탐험가 스콧과 겨루면서 추위와 위험을 극복하고 인류 사상 최초로 남극점 도달에 성공했다. 어떻게든 실패를 만회하고 싶다는 그의 강한 의지가 그를 성공으로 이끈 것이다. 이처럼 때로는 방향 전환도 필요하다.

극지 탐험가, 1872-1928 | 노르웨이

MISTAKES 4
로버트 스콧

영국의 탐험가 스콧은 아문센과 함께 남극점 정복을 겨루던 인물이다. 먼저 남극점에 도달하려고 스콧은 죽을힘을 다해서 눈보라 속을 뚫고 나아갔다. 하지만 엔진 썰매의 엔진이 고장 나고 모직으로 된 방한복이 얼어 버리는 등 모험은 힘들기 짝이 없었다. 그러다 겨우 남극점에 도달했지만 그곳에는 한 달 전에 아문센이 꽂은 국기가 펄럭이고 있었다. 그는 선두를 빼앗겼다는 아쉬움에 실의에 빠져 고향으로 돌아가는 중 눈보라 속에서 죽고 말았다.

남극 탐험가·군인, 1868-1912 | 영국

북극이 안 되면 남극으로

긴장을 푸는 게 중요해

MISTAKES 4
찰스 린드버그

미국 비행사 찰스 린드버그는 뉴욕에서 출발해 대서양을 가로질러 파리로 가는 비행에 도전한다. "날 개여, 저것이 파리의 불빛이다!" 뉴욕에서 출발한 지 33시간 만에 무사히 비행기로 대서양을 건넜지만 이 도전은 공포, 졸음과의 싸움이었다. 사실 그는 비행 전날, 긴장 때문에 잠을 설쳐 비행 중에 졸음과 싸워야 했다. 조종을 교대할 사람도 없으니 "안 돼! 안 돼! 잠들면 안 돼!" 하고 자신을 타이르면서 계속 정신을 차리려고 했다. 전날과 합쳐서 총 55시간 동안이나 자지 않고 쉬지도 않은 채 비행한 대모험이었다.

비행가, 1902-1974 | 미국

지금 막 꽂은 건데...

MISTAKES 4
버즈 올드린

아폴로 11호가 달에 착륙했을 때 달 표면에 미국 국기를 꽂은 사람이 올드린이다. 역사에 남는 순간이 될 뻔했는데, 지구로 돌아가기 위해 다시 우주선에 타서 이륙하는 순간 엔진의 배기가스 때문에 국기가 날아가 버렸다. 인류가 처음으로 달에 꽂은 깃발은 순식간에 행방불명이 되었고 지금도 어디에 있는지 아무도 알지 못한다.

우주 비행사, 1930- | 미국

차 타고 와서 마라톤 1위?

괜찮아요?
으윽… 감사합니다….

MISTAKES!
프레드 로츠

1904년 세인트루이스 올림픽. 마라톤을 뛰던 프레드는 경기 중 더위 때문에 쓰러지고 말았다. 그는 옆을 지나는 차 한 대를 얻어 타고 경기장으로 향했다. 그런데 이번에는 결승점까지 8km를 남기고 차가 고장 난다. 그는 차에서 내려 경기장을 향해 달리기 시작했다. 그러고는 1위로 골인. 시치미를 떼고 시상대에 올랐지만 그를 태워 준 차 주인이 폭로해 바로 실격되었다.

마라톤, 1884-1914 / 미국

MISTAKES!
베이브 루스

베이브 루스는 22년 동안 무려 714개의 홈런을 쳐서 메이저리그 신기록을 세운 홈런왕이다. 가라앉던 메이저리그의 인기를 다시 일으켜서 '야구의 신'으로 불리기도 한다. 그러나 한편으로는 1,330개의 삼진 아웃을 기록한 미국 최대의 '삼진왕'이기도 하다. 왜냐하면 그는 어떤 공이라도 그냥 보내지 않고 온 힘을 다해 배트를 휘둘렀기 때문이다. 가장 많은 실패가 가장 많은 성공을 만들기도 한다.

야구, 1895-1948 / 미국

모든 공에 온 힘을 다해 맞서다

앗!
스트라이크!

금메달을 꼭 따고 싶어!

MISTAKES!
난부 주헤이

난부는 LA올림픽에서 멀리뛰기로 금메달을 딸 것이라는 기대를 받고 있었다. 그러나 결과는 아쉽게도 3위. 그때 삼단뛰기 선수가 부상 때문에 기권해서 갑작스럽게 그가 출전하게 되었다. 잘하는 종목이 아니었지만 꼭 금메달을 따고 싶었던 그는 힘을 다해 도전했고 당시 15.72m라는 세계 신기록을 세우며 멋지게 금메달을 땄다. 기대도 하지 못한 곳에서 좋은 성과를 낸 데 대해 그 누구보다 자기 자신이 놀랐다고 한다.

멀리뛰기, 1904-1997 / 일본

뜻밖의 종목에서 금메달

MISTAKES!
아베베 비킬라

올림픽 마라톤 경기에서 두 번의 금메달을 딴 아베베. 그는 운전하다 사고가 나 하반신이 마비되어 버렸다. 그러나 그는 좌절하지 않고 마라톤 이상으로 힘든 재활 치료를 견뎌 냈다. 그로부터 1년 뒤 영국에서 열린 양궁과 휠체어 경주 대회에 참가했고 이듬해에는 노르웨이에서 열린 눈썰매 크로스컨트리 대회에 참가하여 우승했다. "최강의 적은 자기 자신이다."라는 말을 남긴 그는 달릴 수 없게 된 자기 자신마저 극복한 것이다.

마라톤, 1932-1973 / 에티오피아

최강의 적은 자기 자신

파이팅!
힘내!

왜 벌써 하고 있지?

MISTAKES!
에디 하트

뮌헨 올림픽 100m 육상 준결승에 출전 예정이었던 에디는 TV를 보다가 자신이 참가해야 할 준결승 시합을 시청하게 된다. '녹화 영상인가?' 하고 생각했지만, 다시 보니 생중계였다. 코치의 실수로 경기 시작 시각이 바뀌었다는 사실을 까맣게 모른 채 한가로이 지냈던 것이다. 그는 강력한 우승 후보였는데도 경기에 참여하지 못해 기권패를 당해 버렸다.

100m 달리기, 1949- l 미국

MISTAKES!
마크 스피츠

"출전하는 모든 종목에서 금메달을 따겠다!"라고 선언한 수영 선수 마크 스피츠. 실제로 멕시코 올림픽에서 그가 딴 금메달은 2개뿐이었다. 목표를 달성하지 못한 그는 실의에 빠졌다. 그리고 다음에는 꼭 모든 종목에서 금메달을 따겠다고 마음을 다잡고 4년 동안 매일 4시간 반에 걸친 연습을 계속했다. 그 결과 다음 대회에서, 출전한 7종목 모두 신기록을 세우며 금메달을 차지했다.

수영, 1950- l 미국

신을 내 편으로 만들어서

MISTAKES!
아일톤 세나

1988년 일본 그랑프리 결승전에서 우승 후보였던 세나는 출발 직후, 엔진 상태 불량으로 차가 멈춰 버렸다. 간신히 다시 출발했지만 다른 선수들보다 크게 뒤쳐지고 말았다. 이를 지켜본 사람들은 그의 우승이 불가능하다고 생각했지만 그는 한 바퀴 돌 때마다 라이벌을 연달아 추월하기 시작했다. 결국 2위와 13초 차이를 두고 우승! 경기 후 인터뷰에서 세나는 "신을 봤다."라는 말을 남겼다.

F1, 1960-1994 l 브라질

금메달은 다 내 거야!

신도 슛을 놓친다

MISTAKES!
마이클 조던

마이클 조던은 "9,000번 이상 슛을 놓치고 300번 패배를 하고 승패를 결정할 슛을 26번이나 놓쳤다."라는 말을 한 적이 있다. 즉 훌륭한 선수도 그토록 많은 실패를 겪는다는 것. 그런 그가 많은 실패에도 불구하고 최고의 농구 선수로 꼽히는 이유는 뭘까? 그는 지는 것을 싫어하여 승부욕을 불태웠고 사소한 실수도 반성의 계기로 삼아 극복해 나갔다. 그는 그렇게 '농구의 신'으로 불리게 되었다.

농구, 1963- / 미국

MISTAKES!
로베르토 바조

이탈리아를 대표하는 축구 선수 바조는 1993년에 '올해의 유럽 최우수 선수', 'FIFA 올해의 최우수 선수'로 뽑힌 스타 플레이어였다. 그러나 이듬해 1994년 월드컵 결승전에서 마지막 페널티킥을 실패했고, 이탈리아는 패배하고 말았다. 우승을 기대했던 국민들은 바조를 향해 비난을 퍼부었고 그는 이후 이탈리아 대표에서도 제외됐다. 이후 바조는 이런 말을 남겼다. "페널티킥을 실패하는 사람은 페널티킥을 성공할 수 있는 사람이다." 실패를 두려워하는 이들에게 용기를 주는 말이다.

축구, 1967- / 이탈리아

이건 복싱이 아니잖아!

MISTAKES!
마이크 타이슨

'58전 50승 6패, 44KO'라는 놀라운 성적을 거둔 헤비급 복싱 챔피언 마이크 타이슨. 그런 그의 치명적 단점은 '욱하는 성격'이었다. 1997년 세계 헤비급 타이틀 매치에서 홀리필드와 대결했을 때, 홀리필드가 자꾸 박치기를 하자 화가 난 그는 놀랍게도 상대의 오른쪽 귀를 물어뜯었다. 그 뒤로도 타이슨은 자제심을 잃고 홀리필드의 왼쪽 귀마저 물어, 결국 퇴장을 당했다. 이 경기로 그는 1년간 경기 출장 금지 명령을 받았다.

복싱, 1966- / 미국

도전이 없으면 실패도 없다!

MISTAKES!
제인 사빌

경보 경기에는 '두 발 중 한쪽 발이 반드시 땅에 닿아 있어야 한다'는 규칙이 있다. 2000년 시드니 올림픽에서 20km 경보 선수였던 제인은 금메달을 따기 위해 열심히 걷고 있었다. 그러나 골 150m 앞에서 두 발이 모두 땅에서 떨어져 실격. 그녀는 너무 억울한 나머지 큰 소리로 울며 "다 끝났어! 이 세상에서 사라지고 싶다!"라고 외쳤지만 다시 마음을 다잡고 2004년 아테네 올림픽에 참가하여 실격당하는 일 없이 동메달을 땄다.

경보, 1974- I 호주

없어져 버리고 싶어!

MISTAKES!
페트라 마디치

밴쿠버 올림픽에서 크로스컨트리 스키 선수였던 페트라는 경기 직전, 연습 중에 코스에서 벗어나 4m 높이의 언덕에서 떨어지고 말았다. 그 바람에 갈비뼈가 다섯 개나 부러졌다. 그러나 포기하기 싫었던 그녀는 심한 통증을 참고 그대로 경기에 출전해 동메달을 손에 쥐었다. 부상을 입고도 최선을 다해 좋은 성적을 거둔 그녀의 경기를 보고 감동한 슬로베니아 대통령은 그녀에게 금장을 수여했고 그녀는 국가적 영웅이 되었다.

크로스컨트리 스키, 1979- I 슬로베니아

갈비뼈가 부러져도 포기하지 않아

MISTAKES!
빈첸초 니발리

2015년 자전거 경주 '부엘타 아 에스파냐'에 출장한 니발리는 자전거가 고장 나고 넘어지기도 하는 바람에 선두에서 멀리 뒤처졌다. 그는 열심히 달렸지만 좀처럼 따라붙지 못했다. 점점 초조한 마음이 더해질 때 그의 옆으로 팀이 타고 있는 차가 다가왔다. 그 순간 그는 차를 붙잡고 그대로 오토바이 같은 속도로 달렸다. 결과는 물론 실격! 수많은 자전거 경주에서 우승했던 사람도 비겁한 반칙을 쓰고 싶은 유혹에 빠지기도 한다.

자전거, 1984- I 이탈리아

당연히 실격

MISTAKES!
장지커

2014년 탁구 월드컵에서 우승한 장지커는 승부가 결정된 순간, 기쁨에 겨운 나머지 흥분하며 경기장 내 광고판을 걷어차서 부숴 버렸다. 그리고 입고 있던 유니폼을 관객석에 던지고 상반신을 벗은 채로 경기장을 떠났다. 관객들은 그의 지나친 행동에 야유를 보냈다. 그는 경기 매너를 어긴 벌로 대회의 우승 상금인 4만 5,000달러를 몽땅 빼앗겨 벌금으로 내게 되었다.

탁구, 1988- I 중국

우승이 너무 기쁜 나머지

사랑의 실패와 실수

사랑은 삶을 풍요롭게 만들어 주는 멋진 일이다. 그러나 좋아하는 사람에게 나와 같은 감정을 강요해서 상대가 떠나 버리기도 하고, 실연의 충격으로 일상이 망가져 버리기도 한다. 연애에 너무 몰두하여 자신을 통제하지 못하는 경우도 생긴다. 여기서는 사랑하는 감정에 휘둘려 실수를 저지른 사람, 사랑에 실패한 사람들을 소개한다. 유명한 인물들의 뜻밖의 모습을 엿볼 수 있을지도 모른다.

아내가 웃는 모습을 보고 싶었어

MISTAKES
유왕

중국 주나라의 왕 유왕은 고민이 있었다. 바로 사랑하는 아내 포사가 전혀 웃어 주지 않는다는 것. 그런데 어느 날 누군가의 실수로 적의 습격을 알리는 신호가 울렸다. 이 소리를 듣고 모여든 신하들이 실수인 것을 알고 망연자실해 있을 때 그들의 표정을 본 포사가 웃음을 터뜨렸다. 이를 본 유왕은 포사를 웃게 하려고 그 뒤로도 계속 거짓으로 신호를 울렸다. 문제는 진짜로 적군이 습격해 왔을 때 일어났다. 적의 침략을 알리는 신호가 울리자 신하들은 '또 왕이 재미 삼아 울렸겠지.'라고 생각한 것. 속수무책으로 당한 주나라는 보기 좋게 멸망하고 말았다.

정치가·왕, B.C.795?- B.C.771 | 중국

무섭지만 도움이 돼.

똑바로 하세요!

부인이 살아있었더라면...

MISTAKES
양견

중국을 다시 통일한 수나라의 황제 양견에게는 정치를 함께 의논할 수 있는 황후가 곁에 있었다. 옛날에는 여성이 정치에 참여하는 것을 부정적으로 여겼기 때문에 양견을 부인에게 휘둘리는 군주라고 흉도 보았지만 사실 황후는 양견이 정사를 소홀히 할 때 끊임없이 설득하고 충언도 서슴지 않았던 존재였다. 하지만 황후가 죽고 나자 양견은 더욱 타락해버렸고 사람들은 황후가 살아 있었더라면 양견이 그렇게까지 무너지지는 않았을 거라고 말했다.

정치가·황제, 541-604 | 중국

저와 겨… 겨… 결… 결….

그런 법률을 만들지 않았더라면

MISTAKES
페리클레스

아테네의 정치가 페리클레스는 어느 날 밀레토스 출신인 아스파시아에게 한눈에 반했다. 하지만 '아테네 시민은 다른 시의 시민과 결혼해서는 안 된다.'라는 법률이 있었기 때문에 청혼할 수 없었다. 게다가 그 법률을 만든 사람이 바로 페리클레스 자신이었다. 자기가 만든 법률 때문에 스스로 괴로워진 셈이다.

정치가, B.C.495?- B.C.429 | 그리스

미안해….

쾅 쾅

여보!

난 질투에 눈이 먼 게 아냐!

MISTAKES
후아나

'에스파냐의 미친 여왕'이라 불리는 후아나. 남편 펠리페를 너무 사랑한 나머지 질투에 눈이 멀어 미쳐버렸다고 하지만 그녀의 삶을 자세히 들여다보면 정신을 놓아버린 이유가 질투 때문만은 아니라는 것을 알 수 있다. 가족의 잇단 죽음과 왕위를 두고 남편과 아버지가 벌이는 권력 다툼 속에서 고통을 받았던 것. 안타깝게도 후아나는 질투에 눈이 먼 광녀라는 별명을 얻고 수도원에 갇혀 생을 마감한다.

여왕·정치가, 1479-1555 | 스페인

정말 안 맞아!

MISTAKES! 마리아 아말리아

오스트리아 제국의 황제 프란츠 1세는 파르마 공화국과의 동맹을 위해 딸 마리아를 페르디난도와 결혼시킨다. 소극적이고 내성적인 페르디난도와 다르게 마리아는 활기차고 거침이 없는 성격이어서 둘은 잘 맞는 부분이 하나도 없었다. 결혼생활이 마음에 들지 않던 마리아는 거친 행동을 일삼아 두 나라의 동맹을 위태롭게 하자 오스트리아로 갈 수 없게 되었고 파르마에서도 쫓겨난다. 이 결혼의 실패는 어디서부터 시작된 것일까?

왕비, 1746-1804 | 오스트리아

글씨는 예쁘게 쓰자

MISTAKES! 베토벤

베토벤의 유명한 피아노곡 〈엘리제를 위하여〉. 원래 제목은 〈테레제를 위하여〉였다고 한다. 한때 피아노를 가르쳤던 학생 테레제를 사랑하게 된 베토벤이 그녀에게 보낸 곡이었던 것. 베토벤의 연애편지와 청혼에도 아랑곳하지 않고 그녀는 다른 남자와 결혼하고 만다. 곡의 이름이 테레제에서 엘리제로 바뀐 이유는 베토벤이 손으로 쓴 '테레제'라는 글씨가 너무 알아보기 힘들어서 '엘리제'로 읽었고 제목이 잘못 알려진 채 세상에 퍼졌기 때문이다.

음악가, 1770-1827 | 독일

내가 좋아했던 사람과 전혀 딴판

MISTAKES! 하이든

하이든은 사랑하던 사람과 결혼하지 못하고 그의 언니 마리아 안나 알로이지아와 억지로 결혼하게 된다. 그녀는 하이든을 사랑하긴 했지만 쉽게 화를 냈고 돈도 펑펑 써 버렸다. 그보다 더 심했던 것은 하이든이 쓴 소중한 악보로 채소를 싸거나 접시를 닦는 냅킨으로 썼다는 것. 하이든은 그런 아내를 보고 "마리아는 내가 예술을 하든 구두를 팔든 상관하지 않는 것 같아."라고 푸념했다고 한다.

작곡가, 1732-1809 | 오스트리아

MISTAKES! 안데르센

안데르센은 사랑하는 사람이 생기면 연애편지 대신 자서전을 써서 보내는 습관이 있었다. 자서전에는 첫사랑이 이루어지지 않았을 때의 슬픔까지 쓰여 있어서 그것을 받은 여자들이 좋아할 리 없었다. 안데르센은 오랫동안 좋아하던 여자가 다른 남자와 결혼했을 때의 괴롭고 애달픈 마음을 이야기로 만들기도 했다. 그것이 바로 그 유명한 〈인어 공주〉다.

동화 작가, 1805-1875 | 덴마크

그렇게 겁낼 필요는 없잖아요

MISTAKES! 프란츠 카프카

'결혼하면 자유가 없어지는 게 아닐까?' 하고 늘 불안해하던 카프카. 그런 그도 간신히 펠리체와 약혼하기에 이르렀다. 약혼한 뒤에도 계속 불안했던 그는 한 달 만에 약혼을 파기하고 만다. 이듬해 그녀와 다시 만나 두 번째 약혼을 했지만 이 역시 약혼을 깨 버린다. 그는 결국 결혼하지 못한 채 40세의 젊은 나이에 죽음을 맞는다. 그에게 여러 번 휩쓸린 펠리체는 정말 괴로웠을 것이다.

소설가, 1883-1924 | 체코

사랑을 잃고 쓴 위대한 작품

어린 시절의 실패와 실수

위대한 왕, 학자, 발명가 등 어떤 일을 성취해서 유명해진 사람들은 어릴 때부터 훌륭했을까? 아니, 결코 그렇지 않다. 모두 어릴 때는 똑같은 아이였다. 멋진 미래로 이어지는 그들의 장난기 넘치는 어린 시절로 함께 가 보자.

왕이라도 쉬운 길은 없다

MISTAKES
알렉산드로스 대왕

페르시아를 정복하고 역사상 가장 큰 영토를 장악한 '대왕'이 된 알렉산드로스. 그의 어린 시절, 가정 교사를 맡은 건 유명한 철학자 아리스토텔레스였다. 공부를 정말 못했던 알렉산드로스는 "나는 왕자야. 더 쉬운 방법은 없어?"라며 꾀를 부렸다. 공부를 게을리하는 왕자에게 아리스토텔레스는 "학문에 왕도(王道)는 없다!"라며 따끔하게 꾸짖었다. 2,000년 전에도 지금도 쉬운 공부법이란 없는 모양이다.

정치가·황제, B.C.356~B.C.323 / 그리스

MISTAKES
와트

실험을 좋아했던 소년 와트는 '증기'에 대해 알고 싶었다. 그래서 한번은 주전자 뚜껑이 열리지 않도록 끈으로 묶고서 불에 올려 보았다. 잠시 뒤, 주전자는 '쾅' 소리를 내며 산산조각이 나 버렸고, 이때 와트는 증기가 큰 힘을 가지고 있다는 것을 알아냈다. 결과는 성공적이었지만 이런 실험은 너무 위험했다. 어린이 여러분은 섣불리 따라 하지 마시길!

발명가, 1736~1819 / 영국

MISTAKES
프리드리히 2세

강인한 군인이었던 아버지 밑에서 음악과 독서를 좋아하는 '문학 소년'으로 자란 프리드리히 2세. 아버지는 "더 강한 남자가 돼야 해!"라며 매일같이 그를 나무랐고, 둘의 관계는 더욱 나빠져만 갔다. 더 이상 안 되겠다고 생각한 그는 집을 나가 바다 건너 영국으로 가기로 했다. 그러나 바로 아버지의 부하들에게 잡혔고 아버지 앞에 끌려가 호되게 혼이 나야만 했다.

정치가·왕, 1712~1786 / 독일

주전자가 폭발!

분명 날 수 있었는데

MISTAKES
에디슨

궁금하면 뭐든지 해 봐야 직성이 풀리던 에디슨. 어느 날, 사람이 하늘을 날려면 어떻게 해야 하는지 궁금해졌다. 그는 풍선을 날릴 때 사용하는 헬륨 가스에서 힌트를 얻어 약품을 개발, 그것을 친구에게 먹였더니 하늘을 날기는커녕 복통을 일으켜 대소동이 일어나고 말았다. 평소에는 온화했던 어머니도 그때만큼은 따끔하게 야단을 쳤다고 한다.

발명가·기술자, 1847-1931 / 미국

글쓰기만이라도 열심히 했다!

공부는 여전히 잘 못하겠어…

쓱싹 쓱싹

MISTAKES
처칠

처칠의 초등학교 성적은 늘 밑바닥이었다. 중학교 입학시험에도 떨어질 뻔한 그는 제일 낮은 성적으로 열등반에 겨우 들어갔고, 그곳에서도 늘 꼴등만 하다 네 번이나 낙제하기도 했다. "적어도 문장 정도는 쓸 수 있도록 해야지!"라고 생각하며 국어 수업을 겨우겨우 들었는데, 그때부터 단련된 문장력으로 훗날 노벨 문학상을 수상했다.

정치가·소설가, 1874-1965 / 영국

딩동댕동

곧바로 집으로!

종이 울리자마자…

MISTAKES
간디

간디는 어린 시절, 겁이 엄청 많았다. 귀신, 뱀, 어두운 곳은 물론 사람을 만나는 것조차 두려워했다. 초등학생 때는 반 친구들이 말을 걸까 봐 수업이 끝나자마자 쏜살같이 집으로 달려갔다고 한다. 간디는 나중에 자신의 삶에 관해 쓴 책에서 "누가 나를 놀리지 않을까 늘 걱정했다."라고 말했다. 그런 겁쟁이 소년이 나라를 이끄는 지도자가 될 거라고는 아무도 상상하지 못했을 것이다.

변호사·정치 지도자, 1869-1948 / 인도

남의 이야기는 잘 안 들려

MISTAKES
아인슈타인

아인슈타인은 어릴 때부터 지능이 뛰어났지만 남의 이야기는 잘 듣지 않았다. 관심 없는 수업은 제대로 듣지 않아 선생님에게 "너는 절대 성공하지 못할 거야."라는 소리를 듣고 학교를 그만두기도 했다. 그의 이러한 결점은 대학교에 들어가서도 고쳐지지 않았다. 대학 졸업 후, 낮에는 일을 하고 밤에는 연구하여 상대성 이론을 완성했다.

물리학자, 1879-1955 / 독일 (미국에서 활약)

놀이도 정도껏

MISTAKES
헬렌 켈러

헬렌은 다섯 살 때쯤, 집안 요리사의 딸 마르타와 가위로 종이 인형을 오리며 놀고 있었다. 점점 종이를 자르는 데 싫증 난 둘은 신발끈이며 나뭇잎 등 주변의 물건들을 손에 잡히는 대로 자르기 시작했다. 점점 신이 난 헬렌과 마르타는 급기야 서로의 머리카락마저 삭둑삭둑 자르고 말았다. 정신이 들었을 때는 헬렌과 마르타 둘 다 머리카락이 절반은 없어진 상태였다. 재미도 좋지만 머리카락은 소중히!

교육자, 1880-1968 / 미국

반성하라고 했더니!

MISTAKES
피카소

수업이 재미없다며 금방 도망가 버리거나, 수업을 듣는 다른 학생들에게 장난을 쳤던 피카소. 그럴 때마다 선생님은 피카소를 학교 한구석에 있는 조용한 교실로 보내 반성하기 전까지 나오지 못하게 했다. 그럴 때마다 그는 "야호! 이제 마음껏 그림을 그릴 수 있다!" 하면서 기꺼이 들어가 그림을 그렸다고 한다.

화가·조각가, 1881-1973 / 스페인

초상화도 로큰롤

MISTAKES
존 레넌

전설적인 록밴드 비틀스의 멤버인 존 레넌은 음악뿐 아니라 그림에도 재능이 있었다. 특히 어릴 때는 반 친구들을 웃기려고 수업 중에 선생님의 얼굴을 그려 친구들과 돌려보기도 했는데, 선생님들은 유독 그의 그림을 싫어했다고 한다. 존이 그린 그림은 선생님을 우스꽝스럽게 표현했기 때문이었다. 그럴 때마다 존은 호된 꾸지람을 들었다고 한다.

뮤지션, 1940-1980 / 영국

그 그림을 모아 책으로도 냄.

도시락을 들고 도전했지만…

MISTAKES
우에무라 나오미

일본의 탐험가 우에무라는 어릴 때부터 아무도 해 본 적이 없는 일에 도전하곤 했다. 학교에서 열린 마라톤 대회에서는 '이런 짓을 해 본 사람은 없겠지.' 하고 놀랍게도 도시락을 들고 뛰었다. 중간에 도시락을 먹으면서 천천히 뛰다가 겨우 레이스를 마쳤을 때는 이미 결승선을 치운 뒤였다. 아무도 하지 않은 데는 이유가 있지 않을까?

탐험가·등산가, 1941-1984 / 일본

결승선이… 없다!

세상을 뒤집은 호기심

MISTAKES
스티브 잡스

어릴 때 잡스는 호기심이 무척이나 강했다. 살충제를 병째로 마셔 버리거나 머리핀을 콘센트에 꽂아 감전되는 바람에 몇 번이나 병원에 실려 갔다. 그런 그가 열 살 때 접하게 된 것이 전자 공학. 타고난 호기심을 바탕으로 관련 지식을 쏙쏙 빨아들이기 시작한다. 이때 배운 것들은 이후 '애플 컴퓨터'를 개발하는 데 밑바탕이 되었다.

기업가·자산가, 1955-2011 / 미국

죽음에 이르게 한 실패와 실수

언제 무슨 일이 일어날지 모르는 것이 인생이다. 여기서는 사소하거나 중대한 실수로 목숨을 잃은 사람, 어처구니없이 죽음을 맞이한 사람의 에피소드를 소개한다. 실패나 실수를 할 기회가 있다는 것이 오히려 행복한 일일지도 모른다.

조심해도 소용없었어

MISTAKES! 아이스킬로스

역사상 최초의 극작가 인 아이스킬로스는 대머리였다. 전해지는 말로는 어느 날 "위에서 떨어지는 것을 조심해라."라는 예언자의 말을 듣고 위쪽에 신경을 곤두세우며 걸어가고 있었다고 한다. 그런데 놀랍게도 갑자기 하늘에서 거북이가 떨어졌고 그 거북이에 맞은 아이스킬로스는 죽고 말았다. 알고 보니 아이스킬로스의 대머리를 돌로 착각한 독수리가 거북이의 등딱지를 깨려고 하늘에서 떨어뜨린 것이었다. 지어낸 이야기라는 말도 있지만 사실이라면 비극 작가의 비극적 결말이 아닐 수 없다.

극작가, B.C.525~B.C.456 / 그리스

인기가 너무 많아서…

MISTAKES! 드라콘

귀족보다 시민을 우선하는 법률을 만들어서 많은 사람에게 인기가 있었던 드라콘. 시민들 앞에서 연설을 하고 내려오는 길에 그는 죽음을 맞이한다. 그를 지지하는 수많은 시민이 응원의 뜻으로 망토와 모자를 던졌는데, 그 양이 너무 많아 옷과 모자에 깔려 목숨을 잃은 것. 인기가 너무 많아도 문제다.

법률가, B.C.650~B.C.600 / 그리스

오히려 독약이었다

MISTAKES! 시황제

진나라의 시황제는 영원히 늙지도, 죽지도 않는 불로불사(不老不死)를 꿈꿨다. 어떻게든 죽지 않기 위해 나라에서 가장 뛰어나다는 학자들을 모아 '단약'이라는 명약을 만들어 낸다. 그런데 그 약에는 아주 위험한 독성 물질인 수은이 들어 있었다. 당시에는 수은이 몸에 해롭다는 것을 누구도 알지 못했다. 시황제는 수은을 꿀꺽꿀꺽 마신 탓에 영원히 살기는커녕 더 일찍 죽고 말았다고 한다.

왕·정치가 B.C.259~B.C.210 / 중국

의자 타고 우주로!

MISTAKES! 왕부

세계 최초로 우주로 가려고 한 인물. 그는 특수하게 제작한 의자에 화약을 달고 그 힘으로 우주까지 날아간다는 참신한 방법을 생각해 냈다. 부하에게 명령해서 특별히 만든 의자에 화려한 옷을 차려입고 앉아 47개의 화약에 47명의 부하가 동시에 불을 붙이자… '꽝' 소리와 함께 의자 폭발! 그 뒤로 왕부의 모습은 어디에서도 찾아볼 수 없었다고 한다. 꾸며낸 이야기라는 말도 있지만 사실이라면 정말 안타까운 실패!

관료, 15-16세기 | 중국

슈우웅

MISTAKES! 샤를 8세

샤를 8세는 28세 때 낮은 기둥에 머리를 세게 부딪쳐 그날로 죽고 말았다. 불운은 겹쳤다. 샤를 8세는 죽기 직전, 이탈리아와의 전쟁에서 지는 바람에 막대한 빚을 졌다. 그의 후계자였던 루이 12세는 샤를 8세의 뒤처리를 하느라 엄청나게 고생했다고 한다.

정치가, 1470-1498 | 프랑스

악…!

걸을 때도 여기저기 잘 살필 것

달을 잡으려다…

아름다워!

MISTAKES! 이백

이백은 밥보다 술을 더 좋아했다. 그날도 그는 평소처럼 강에 배를 띄워 술을 마시면서 시를 짓고 있었다. 어느새 술에 취한 그는 물 위에 비친 달을 잡으려다가 배에서 떨어졌다. 취한 상태로 헤엄을 잘 칠 리도 없어서 그는 그대로 물에 빠져 죽고 말았다. 그런데 정말 그는 달을 잡으려다 목숨을 잃고 만 걸까?

시인, 701-762 | 중국

MISTAKES! 후마윤

인도 무굴 제국의 제2대 황제 후마윤. 그는 궁전 도서관에 있다가 이슬람교의 기도 시간이 다가와서 예배당으로 가려던 중 계단에서 굴러떨어졌다. 그때 심한 부상을 입고 이틀 뒤에 죽고 말았다. 예기치 않은 죽음으로 그가 왕이었던 기간은 불과 6개월. 반면 그의 무덤인 후마윤 묘는 9년이라는 세월에 걸쳐서 세워졌다. 그리고 그의 묘는 유네스코 세계 문화유산으로 지정된다.

정치가·왕, 1508-1556 | 인도

왕이 된 지 고작 6개월 뒤…

쿠다당!
쿠다당!

후마윤 묘

되살아났지만…

MISTAKES 제노

터키의 황제 제노의 죽음에 관해 독살 당했다는 이야기도 있지만 이런 이야기도 있다. 죽은 제노를 관에 뉘었을 때 제노는 놀랍게도 관 속에서 다시 살아났다고 한다. 깨어난 제노가 관을 두드리며 "부탁이야! 제발 꺼내 줘!" 하고 외쳤지만 아무도 열어 주지 않았다. 사람들은 그를 좋아하지 않았기 때문에 관 속에서 들리는 목소리를 계속 무시하고 그대로 관을 묻었다고 한다.

정치가, 426-491 | 터키

MISTAKES 한스 슈타잉거

한스 슈타잉거는 무려 2m에 달하는 수염을 자랑했다. 당시 세계에서 가장 긴 수염을 가진 사람이었다고 한다. 어느 날 그가 살던 동네에 불이 났다. 그는 서둘러 집에서 뛰어나왔는데, 평소 걸을 때는 돌돌 말아서 가슴 주머니에 넣었던 수염을 그대로 끌고 가다가 자신의 수염을 밟아 그 충격으로 목뼈가 부러져 죽고 말았다고 한다.

정치가, 1508-1567 | 오스트리아

자랑거리였던 수염이 사망 원인

학문에 대한 열정도 한겨울 추위를 녹이진 못해

MISTAKES 베이컨

베이컨은 눈이 내리는 겨울날, 음식을 냉동하면 오래도록 보관할 수 있을 거라 생각하여 실험해 보기로 했다. 닭고기를 밖으로 들고 나가 닭의 갈라진 배에 눈을 꾹꾹 채웠다. 그러는 동안 너무 심한 추위에 베이컨은 감기에 걸렸고 이후 몸 상태가 나빠져 죽음을 맞았다. 그는 죽으면서도 "닭고기 연구는 잘 됐어."라고 보고했다고 한다. 연구에 대한 열정이 도가 지나쳤던 것 같다.

철학자, 1561-1626 | 영국

MISTAKES 펠리페 3세

어느 추운 밤, 화로 곁에서 몸을 녹이던 펠리페 3세. 잠시 뒤 몸은 충분히 따뜻해졌고 심지어 덥기까지 했다. 불을 꺼야겠다고 생각해 종을 울려서 하인을 불렀지만 아무리 기다려도 하인은 오지 않았다. 그러다가 몸이 너무 뜨거워져, 평소 앓고 있던 피부 질환이 심해지는 바람에 죽고 말았다. 정치가였어도 '화로에서 떨어져야겠다'는 생각은 하지 못했던 모양이다.

정치가, 1578-1621 | 스페인

MISTAKES
데카르트

데카르트는 스웨덴의 크리스티나 여왕의 부름을 받고 스웨덴으로 건너가 여왕의 철학 강의를 맡게 되었다. 여왕은 아침 일찍 일어나는데, 몸이 많이 약했던 데카르트는 도통 일어나지 못했다. 새벽부터 이어지는 수업에, 차디찬 새벽 공기 때문에 그는 결국 폐렴으로 세상을 떠났다.

철학자, 1596-1650 | 프랑스

아침형 인간이 될 수 없어

지휘봉이 조금만 가벼웠더라면

MISTAKES
륄리

병을 앓다 회복한 국왕을 축하하기 위해 연주회가 열렸다. 여기서 륄리는 성가대 지휘를 맡았는데 당시의 지휘봉은 지금처럼 한 손으로 들 수 있는 얇은 지휘봉이 아니라 금속으로 된 길고 무거운 지팡이였다. 지휘자는 이 금속 지팡이로 바닥을 쿵쿵 쳐 지휘를 했다. 그는 왕이 회복된 것이 기뻐 신나게 지휘를 하다가 지휘봉으로 자기 발을 내려쳤고 그때 생긴 상처에 감염이 생겨 죽고 말았다.

작곡가, 1632-1687 | 이탈리아 (프랑스에서 활약)

MISTAKES
잭 대니얼

위스키 회사를 경영하던 잭이 사무실에 있던 금고를 열려고 했을 때의 일이다. 좀처럼 금고 문이 열리지 않자 짜증 난 그는 발로 금고를 힘껏 걷어찼다. 물론 두꺼운 금속으로 만들어진 금고는 열리지 않았고 도리어 엄지발가락만 다치게 됐다. 그로부터 6년 후, 운이 나쁘게도 그때 생긴 상처에 감염이 일어나 그는 목숨을 잃었다는 이야기가 전해진다.

기업가, 1846-1911 | 미국

금고가 너무 안전했나?

생물들의 실패와 실수

실패는 인간만이 하는 것이 아니다. 동물의 왕이라 불리는 사자도, 쌀알보다 작은 물벼룩도 저마다 실패를 겪는다. 사냥감을 놓쳐 쫄쫄 굶기도 하고 적에게 붙잡혀 먹히기도 한다. 물론 사랑에 실패하는 경우도 있다. 타고난 습성과 운명 때문에 고생하면서 살아가는 생물들의 안타까운 실패 이야기를 살펴보자.

'건망증'이 숲을 만든다
어디에 묻었더라?

MISTAKES 다람쥐

다람쥐는 가을 동안 열심히 호두나 도토리 같은 나무 열매를 땅에 묻어 두고 추운 겨울을 나기 위한 준비를 한다. 그런데 가끔 자기가 어디에 묻었는지 까먹을 때도 있다. 그렇게 다람쥐에게 잊힌 열매는 땅속에서 잠자고 있다 싹을 틔우고 나무가 된다. 한 연구에 따르면 다람쥐가 숨긴 나무 열매 중 20%가 땅에서 싹을 틔운다고 한다. 다람쥐는 자기도 모르는 사이에 숲을 만들고 있었던 것이다.

포유류

MISTAKES 박쥐

초음파를 보내 장애물을 피하고 먹이를 잡기도 하는 박쥐. 그런데 그들도 가끔 초음파 내기를 게을리할 때가 있다. 늘 지나가는 장소나 잘 아는 장소에서는 초음파를 보내지 않거나 대충 내는 경우도 있다는 것. 그래서 사람이 있거나 전에는 없었던 장애물이 생기면 미처 피하지 못하고 부딪힐 때가 있다고 한다.

포유류

캭! 초음파 대충 보내더니

네 힘을 보여 줘!

MISTAKES 태즈메이니아데블

태즈메이니아데블의 암컷이 수컷에게 원하는 것은 힘! 그들은 수컷이 공격적인 힘을 보여 주길 원한다. 그래서 수컷은 암컷을 깨물고 긁으면서 제힘을 과시하고 매력을 뽐내지만, 힘이 약하거나 겁이 많고 나약한 수컷은 전투적인 성격의 암컷에게 두들겨 맞고 나가떨어져 버린다. 약한 수컷은 그렇게 짝짓기에서 소외되고 만다.

포유류

MISTAKES 코알라

코알라의 울음소리를 들어 본 적이 있는가? 수컷이 구애할 때는 그 귀여운 외모로는 상상도 못 할 '쿠아앙!' 하는 끔찍한 소리를 낸다. 그러다 차이면 울분을 참지 못하고 암컷을 나무에서 밀어 떨어뜨리거나 그 영역을 빼앗아 버린다. 그렇게 못되게 굴면서도 사랑을 이루지 못한 슬픔으로 한동안 구석에 토라져 있기도 한다.

차이면 신경질 난다고!

포유류

무서워… 쿠아앙! 나랑 사귀자!

나도 내 엄니가 무섭다

'자신의 죽음을 바라보는 동물'로도 불린다.

MISTAKES
바비루사

바비루사는 멧돼지의 한 종류로, 특이하게 4개의 긴 엄니를 갖고 있다. 이 엄니가 어디에 쓰이는지는 아직 명확하게 밝혀지지 않았다. 그런데 놀라운 것은 너무 길게 자란 엄니에 얼굴을 찔려 죽는 바비루사가 있다는 것. 어디에 쓸모가 있는지도 모르는 큰 엄니는 그들에게 눈앞에 있는 흉기나 다름없는 것이다.

포유류

MISTAKES
사향소

곰 같은 천적이 덮쳐 오면 어른 사향소들은 새끼를 빙 둘러싸고 무리를 지어 새끼를 지킨다. 이 방법은 다른 동물들에게는 효과가 있었지만 인간에게는 통하지 않았다. 새끼를 지키기 위해 둥글게 둘러서 있을 때는 꿈쩍도 하지 않는 습성이 있어 사람이 총을 겨누기 쉽기 때문이다. 사람들은 총을 쏘면 거의 백발백중인 사향소를 마구잡이로 잡아들였고 결국 사향소의 개체 수는 점점 줄어들었다.

주머니에서 빠지지 않도록 주의!

MISTAKES
캥거루

캥거루의 가장 큰 특징은 바로 새끼주머니. 엄마 캥거루는 주머니 속에 새끼 캥거루를 넣어 키우고 새끼가 독립할 때까지 함께 생활한다. 그런데 엄마가 높이 점프하거나 과격하게 움직이면 가끔 아기 캥거루가 떨어질 때가 있다. 대부분 엄마가 주워서 다시 주머니에 넣지만 가끔은 모르고 지나칠 때도 있다고 한다. 새끼 캥거루는 엄마를 꽉 잡고 있어야 한다.

포유류

포유류

겨냥하기 쉽군!

우리의 습성을 인간들이 다 파악해 버렸어

포유류

엄마도 열심히 하고는 있는데…

꼬르륵

수컷이 사냥을 하지 않는 이유
· 갈기가 눈에 띄기 쉬워서
· 새끼를 지키는 역할을 맡고 있어서

오늘도 못 잡았어요….

MISTAKES
사자

동물의 왕으로 불리는 사자. 하지만 사냥 성공률은 15% 정도로 매우 낮은 편이다. 서너 마리씩 무리 지어 사냥해도 32%라고 하니, 하루에 한 번 무리를 지어 사냥한다면 3일에 한 번밖에 식사를 하지 못하는 셈이다. 한편 우리의 예상과는 달리 사냥은 수사자보다 암사자가 주도적으로 담당한다. 암사자는 계속되는 사냥 실패에도 불구하고 가족을 먹이기 위해 날마다 노력하고 있다.

포유류

그것은 오해입니다

사실이 아닌데….

공개수배
먹이를 가로채는 나쁜 놈!

MISTAKES
점박이하이에나

다른 동물의 먹이를 빼앗아 먹는 교활한 동물이라고 오해받는 하이에나. 그러나 사실은 자신의 먹이를 스스로 잡는 뛰어난 사냥꾼이다. 그뿐 아니라 오히려 덩치 큰 사자에게 먹이를 뺏기는 억울한 경우가 더 많다. 아무래도 죽은 동물의 고기를 먹는 모습 때문에 안 좋은 이미지가 붙은 모양이다. 그들에게는 죄가 없는데도….

포유류

의욕이 너무 넘치는 바람에

우욱!
괘… 괜찮아…?

사랑 쟁탈전도 정도껏

앗!
콰직!

MISTAKES
기린

수컷 기린은 암컷을 차지하기 위해 긴 목을 맞부딪치면서 싸운다. 처음에는 살살 부딪치는데 싸움이 격해지면 세게 부딪쳐 목뼈가 툭 부러질 때도 있다. 그러면 대부분 목숨을 잃는다. 다행히 목이 부러지지 않는다고 해도 그 충격으로 뇌진탕이 생기는 경우도 많다. 기린에게 자존심은 목숨보다 소중한 것인지도 모른다.

포유류

MISTAKES
느시

수컷 느시는 암컷 앞에서 자신의 건강함을 과시하기 위해 독이 있는 딱정벌레를 먹어 보인다. 심지어 어떤 수컷은 암컷에게 너무 잘 보이고 싶은 나머지 딱정벌레를 지나치게 많이 먹어 죽기도 한다. 건강함을 보여 주기 위해 오히려 건강을 해치는 수컷을 보고 암컷은 과연 매력적이라고 생각할까?

조류

날갯짓은 쉴 수 없어

MISTAKES ♪ 벌새

벌새는 공중에 멈춰 있을 수 있는 유일한 새다. 그렇게 하기 위해서는 1초당 50번 이상 날갯짓을 해야 한다. 그래서 벌새는 늘 무언가를 먹지 않으면 안 된다. 30분 이상 아무것도 먹지 않으면 금세 지쳐 죽을지도 모르기 때문이다. 벌새가 필사적으로 먹이를 찾아 날아다니는 데는 이유가 있다.

조류

MISTAKES ♪ 바우어새

바우어새는 나뭇가지와 조개껍데기, 새털로 예쁜 오두막 같은 둥지를 만들어 암컷을 유혹한다. 눈에 잘 띄도록 개성 있는 장식을 달거나 2m짜리 큰 둥지를 만드는 수컷도 있다. 시시한 둥지는 암컷들이 쳐다보지도 않는다. 그래서 수컷은 몇 년에 걸쳐 둥지 만드는 기술을 닦는데, 잘 만든 것 같은 둥지여도 암컷이 마음에 들어 하지 않으면 좌절하여 스스로 둥지를 부숴 버리기도 한다. 그 모습은 마치, 마음에 들지 않는 도자기를 과감히 깨 버리는 도예 장인 같아 보인다.

조류

차일수록 기술이 는다

실패를 거듭하며 어른이 돼

나 자신을 지키는 방법을 모르겠어

MISTAKES ♪ 카카포

뉴질랜드에서만 사는 새 카카포는 원래 천적이 없는 환경에서 느긋하게 살고 있었다. 그런데 외국에서 들여온 개와 고양이, 쥐의 숫자가 점점 늘어났다. 자신을 지키는 법을 모르는 카카포가 천적 앞에서 할 수 있는 일은 가만히 웅크리고 있는 것뿐. 그러는 동안 카카포는 다른 동물에게 수없이 잡아먹혔고 결국 멸종 위기 동물로 지정되었다. 카카포의 적은 개와 고양이일까, 아니면 함부로 외국의 동물을 들여온 인간일까?

조류

MISTAKES ♪ 매

매와 같은 맹금류의 새끼는 부모에게 사냥을 배운다. 엄마 매가 하늘에서 먹이를 떨어뜨리면 그것을 낚아채기도 하고 나뭇가지를 먹이 삼아 스스로 연습을 하기도 한다. 본격적으로 사냥에 나선 뒤에도 실패를 거듭하면서 자기만의 비결을 익혀 어엿한 어른 매가 되어 간다. 살아가면서 많은 것을 실패하며 배우는 것은 새나 사람이나 마찬가지인 것 같다.

조류

해파리로 착각하고 먹어 버린 비닐

MISTAKES
푸른바다거북

푸른바다거북은 바닷속을 떠다니는 해파리와 해초를 즐겨 먹는다. 그런데 사람이 바다에 버린 비닐봉지를 해파리로 착각하고 삼키는 경우가 있다. 비닐을 소화시키지 못한 상태로 배 속에 계속 쌓이면 바다거북은 결국 죽고 만다. 바다거북이 이런 슬픈 실수를 하지 않도록 바다에서 놀고 나면 꼭 쓰레기를 챙기고 비닐이나 플라스틱을 적게 사용하도록 노력하자.

파충류

잘 안 맞네…

MISTAKES
물총고기

물총고기는 이름 그대로 입으로 물총을 쏘아서 먹이를 잡는 물고기다. 수면 가까이에 있는 벌레 같은 것을 노린다. 물총을 쏘다니 아주 재주가 좋은 것 같지만 사실 명중률이 낮아 빗나가는 경우가 더 많다. 어떤 동물학자의 말에 따르면 그저 닥치는 대로 쏠 뿐이라고 한다. 여러 번 조준하면서 점점 정확도를 높이지만 그사이 먹이가 도망가 버리면 노력은 물거품이 된다. '사격의 명수'가 되려면 아직 먼 것 같다.

어류

왜 이렇게 엉킨 거야?

도와줄까?

MISTAKES
커튼원양해파리

커튼원양해파리의 가느다란 촉수는 쉽게 엉키는 특성이 있다. 다른 해파리와 같이 있을 때는 서로 엉켜 버리고, 혼자 있을 때도 자기 촉수끼리 엉켜 버린다. 심하게 엉킬 때는 풀리지 않아서 스스로 촉수를 잘라야 할 때도 있다. 촉수는 다시 자라나긴 하지만 너무 자주 엉켜 계속 자르기를 반복한다.

자포동물

음치는 결혼할 수 없어

해변으로 너무 많이 올라오면…

MISTAKES ♪
청개구리

개굴개굴 우는 청개구리 세계에서 수컷은 노래를 잘할수록 인기가 높다. 그러나 노래할 무대에 오르려면 무척 힘들고 긴 과정을 거쳐야 한다. 바로 수컷끼리 싸워서 이겨야만 목소리를 낼 수 있는 것이다. 만약 싸움에 진 수컷이 울음소리를 내면 이긴 수컷이 "너는 소리를 내면 안 돼!" 하고 진 개구리를 물속에 빠트린다.

양서류

MISTAKES ♪
범고래

바다를 지배하는 최고의 포식자, 바다의 건달로도 불리는 범고래. 범고래의 사냥법 중에는 '해변 기어오르기 작전'이 있다. 해변에 강치나 펭귄이 있으면 파도를 타고 해변으로 기어 올라와 잡아먹는 것이다. 하지만 이 작전은 범고래에게 굉장히 위험하다. 기세 좋게 해변으로 올라왔다가 바닷물이 빠지면 다시 바다로 돌아갈 수 없기 때문이다. 포악한 바다 대장도 뭍으로 올라오면 힘을 쓰지 못한다.

포유류

몸을 지키려다가…

MISTAKES ♪
볼비단구렁이

볼비단구렁이는 적을 만나거나 공격당하면 자기 이름 그대로 공처럼 똬리를 틀어 몸을 지킨다. 똬리를 틀면 자기 몸은 지킬 수 있지만 상대를 공격하거나 도망갈 수는 없게 된다. 그래서 자기 몸을 보호하려 똬리를 틀다가 그대로 사람에게 잡히기도 한다. 비단구렁이는 사람에게 익숙해지면 경계심을 풀고 공처럼 똬리를 틀지 않게 된다.

파충류

스트레스 받으면 내 다리를 잘라 먹어

문어의 입은 다리 안쪽에 있다.

MISTAKES ♪
문어

문어는 예민한 동물이다. 사람에게 잡혀 더러운 곳에 갇히거나 번잡한 곳에 던져지면 스트레스를 받아 자기 다리를 먹어 버린다. 재생 능력이 있어서 적에게 다리를 먹혀도 다시 자라지만 스트레스 때문에 스스로 다리를 끊어 먹는 경우는 다시 자라지 않는다. 게다가 다리를 먹은 문어는 며칠 안에 죽기도 한다. 문어도 스트레스는 참아 내지 못하는 모양이다.

연체동물

청혼이 죽음을 부르는 싸움으로?

MISTAKES ♪ 전갈

전갈 중에는 수컷이 암컷의 관심을 끌기 위해 집게를 잡고 춤을 추는 종이 있다. 그런데 암컷은 수컷이 마음에 들지 않으면 난폭해지기 시작한다. 이때 수컷은 암컷을 제압하기 위해 자신의 꼬리에 달린 독침으로 암컷을 찌른다. 여기서 그대로 싸움이 끝나면 다행이지만 그렇지 않고 암컷이 더욱 거세게 저항하면 서로 독침을 찌르며 격해지다 결국에는 양쪽 모두가 죽는 경우도 있다.

절지동물

MISTAKES ♪ 벼룩

벼룩의 특기는 점프. 몸길이는 1~9mm에 불과하지만 자기 키의 150배 높이까지 점프할 수 있다. 사람으로 따지면 30층 높이의 건물을 가뿐히 뛰어넘는 수준이니 엄청난 점프력이다. 그런데 반대로 착지는 정말 못한다. 뛰어오른 뒤 벼룩은 대부분 착지에 실패해서 이상한 자세로 땅에 떨어지고 만다. 그래도 좌절하지 않고 개나 고양이의 피부를 물기 위해 오늘도 높이, 더 높이 점프한다.

곤충류

착지까지는 생각하지 않을 거야

난 먹이가 아니야!

MISTAKES ♪ 깡충거미

깡충거미의 수컷은 짝짓기를 하기 위해 마음에 든 암컷을 향해 팔을 흔들고 춤도 추면서 열심히 매력을 뽐낸다. 그러나 암컷은 움직이는 모든 것이 먹이로 보인다. 따라서 암컷 앞에서 춤추는 수컷은 그저 움직이는 먹이일 뿐. 그래서 수컷은 다리 한두 개쯤 암컷에게 먹히는 것을 당연하게 여긴다. 그러다 한순간이라도 정신을 팔면 전부를 덥석 먹히기도 한다. 곤충 세계에서는 목숨을 건 사랑이 허무한 결말을 맞이하는 경우가 자주 있다.

절지동물

지옥이라고 할 정도는 아니네

MISTAKES ♪ 개미귀신

개미귀신은 '개미지옥'으로 불리는 절구 모양의 구멍을 파서 여기에 떨어진 개미를 잡아먹는다. 그러나 대부분의 개미는 구멍에 떨어져도 다시 제 힘으로 기어올라 탈출한다. 빠져나오지 못하고 개미지옥에 남아 있는 개미는 드물어서 개미귀신이 개미를 먹을 수 있는 것은 일주일에 한 번 정도. 때에 따라서는 한 달에 한 번인 경우도 있다고 한다. 개미귀신이 식사할 수 있는 확률이 매우 낮은 것이다.

곤충류

MISTAKES ♪ 쇠똥구리

쇠똥구리는 초식 동물들의 똥을 동그랗게 굴려서 그 속에 알을 낳는 습성이 있다. 그래서 쇠똥구리는 늘 열심히 똥을 굴린다. 가끔은 쇠똥구리가 똥을 굴릴 때 다른 쇠똥구리가 도와주려는 듯 다가온다. 서로 돕다니 대단하다고 생각하면 오산. 도와주러 온 쇠똥구리는 사실 열심히 뭉쳐 놓은 똥을 훔쳐 가는 도둑이다. 물론 어떻게든 자기 똥을 빼앗기지 않으려 하지만 대개는 도둑이 이겨서 가져가 버린다고 한다.

곤충류

MISTAKES ♪ 초파리

초파리의 수컷은 날개 소리를 내서 암컷에게 구애한다. 그런데 암컷은 그 소리가 마음에 들지 않으면 도망가거나 발로 퍽 차 버리기도 한다. 실연당한 수컷은 한동안 구애를 하지 못한다. 겨우 마음을 다잡고 일어난 뒤에도 좋아했던 상대의 냄새를 잊지 못하고 미련을 갖지만 한 번 차인 상대에게는 두 번 다시 다가가지 않는다.

곤충류

상처가 오래가는 타입

그녀의 냄새가 잊히지 않아.

감사히 가져가겠습니다.

그거 내 건데…

널 믿었는데!

겨우 만났는데

미안해!

뜨거워…

바싹

MISTAKES ♪ 물벼룩

물벼룩의 천적은 모기의 유충. 물벼룩은 그들이 다가오는 것을 냄새로 알아채고 허물을 벗어 머리를 뾰족하게 만든다. 머리가 뾰족하면 모기 유충이 물벼룩을 먹기 힘들기 때문이다. 하지만 머리가 완전히 뾰족해질 때까지 걸리는 시간은 반나절에서 하루! 한창 뾰족하게 만드는 사이 먹혀 버리면 매우 허무할 것 같다. 실력을 발휘하지 못한 채 먹혀 버리다니 마음이 아프다.

갑각류

MISTAKES ♪ 지렁이

아스팔트 위에 수많은 지렁이가 죽어 있는 광경을 본 적이 있는가? 지진이 일어날 신호라고도 하지만 실은 비가 갠 밤에 지렁이들이 자기 짝을 찾기 위해 나선 흔적이다. 지렁이는 비가 그친 밤에 땅속에서 나와 한곳에 모여 일제히 자기 짝을 찾는다. 그런데 짝을 찾아 멋진 시간을 보내는 사이에 아침이 오고 해가 떠 물기가 마르면 땅바닥도, 지렁이의 몸도 바싹 말라 죽어버리는 것이다.

환형동물

에구구구…

머리가 뾰족해지면

이런 모양으로 변합니다.

너무 시간이 오래 걸려

상품의 실패와 실수

우리가 좋아하는 포테이토칩이 사실은 누군가의 실수로 탄생했다는 것을 알고 있을까? 그것 말고도 실수로 우연히 탄생한 히트 상품이 무척 많다. 여기서는 그런 기적 같은 물건들을 소개하려고 한다. 뒤에서는 아이디어를 인정받지 못해 널리 알려지지 않았던 '엉뚱한 발명품'도 소개할 테니 기대하시라!

펑! 하고 탄생한 엄청난 발명

MISTAKES! 화약

옛날, 중국의 연금술사들은 약품과 흙, 철 등으로 금을 만들려고 했다. 재료를 섞거나 태우며 많은 시도를 하다가 갑자기 '펑!' 하고 큰 폭발이 일어났다. 그때 우연히 만들어진 것이 화약이다. 이후 화약 가루는 대포와 같은 무기에 쓰이기도 하고 대규모 공사에서 사람의 힘으로는 할 수 없는 작업에 사용되는 등 인류의 역사를 크게 바꾸었다.

800년경 | 중국

휘휘 젓다가 생겼다

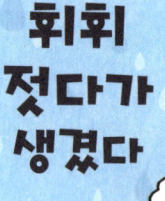

발명 초기의 성냥

성냥을 발명한 약사 존 워커

MISTAKES! 성냥

영국에서 한 약사가 새로운 폭약을 개발하려 실험하던 중, 약품을 나무 막대로 휘휘 저었더니 약품이 막대 끝에 붙어서 굳어 버렸다. 약품을 떼어내려고 돌바닥에 긁었더니 불길이 확 일었다. 이 발견으로 쉽게 불을 붙일 수 있는 성냥이 탄생했다.

1827년 | 영국

대단한 푸른곰팡이!

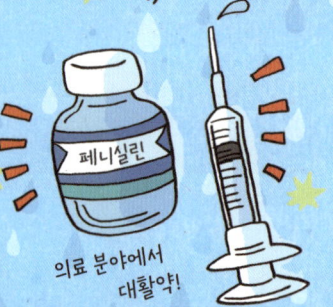

앗, 푸른곰팡이가…

푸른곰팡이 주변에는 포도상 구균이 없어!

의료 분야에서 대활약!

MISTAKES! 페니실린

미생물학자 플레밍은 포도상 구균을 기르던 배양 접시에 푸른곰팡이가 생긴 것을 발견한다. 현미경으로 자세히 들여다보니 놀랍게도 푸른곰팡이 주변에는 병을 일으키는 포도상 구균이 깨끗하게 사라져 있었다. 푸른곰팡이가 균을 죽이고 있었던 것이다. 이 곰팡이로 만들어 낸 것이 병원에서 항생제로 사용하는 페니실린이다. 음식을 썩게 만들어 사람들에게 미움을 받던 푸른곰팡이가 사람의 목숨을 살리는 놀라운 의약품이 될 줄은 아무도 상상하지 못했을 것이다.

1928년 | 스코틀랜드

과자에는 사용할 수 없지만

따뜻하다!

MISTAKES! 일회용 손난로

과자를 오래 보존하기 위해 사용하는 산화방지제. 품질을 더 높이기 위해 철 가루와 숯을 섞어 보았더니 열이 발생했다. '열 때문에 과자가 상할 것 같아!'라며 실패라고 생각했는데 이를 손에 든 한 연구원의 입에서 튀어나온 "따뜻해!"라는 한마디. 이 말을 계기로 추울 때 몸을 데우는 일회용 손난로가 탄생했다.

1978년 | 일본

탈모를 막으려다가

MISTAKES! 샴푸

머리를 감는 데 쓰는 샴푸는 놀랍게도 머리카락 나는 약을 발명하려다 만든 것이다. 젊은 나이에 머리숱이 적어서 고민하던 존 브렉은 어떻게든 머리가 빠지는 것을 줄여 보기 위해 발모제를 만들던 중 실험용 발모제를 발라 보니 두피와 머리카락의 더러움이 씻겨 내려가는 것이 아닌가? 이렇게 샴푸가 탄생했지만 아쉽게도 머리카락이 나는 약을 발명하는 데는 실패했다. 더불어 샴푸 발명가의 탈모도 막을 수 없었다고 한다.

1930년 / 미국

지갑을 두고 온 사람이 생각해 냈어

MISTAKES! 신용 카드

'돈 대신 작은 카드로 돈을 낼 수 있다면 어떨까…' 레스토랑에서 식사를 한 뒤 지갑을 두고 온 것을 깨달은 비즈니스맨의 아이디어가 신용 카드를 만든 계기가 되었다. 지금은 음식점이나 일반 가게에서만이 아니라 온라인 쇼핑을 하는 데도 큰 활약을 하고 있다. 단, 생각 없이 막 쓰면 큰일. 꼭 계획적으로 사용할 것!

1950년 / 미국

생각하기 나름이야

MISTAKES! 순간접착제

플라스틱을 연구하다가 발견한 물질 '시아노아크릴레이트'. 이것은 무엇에든 붙어 버리는 특징 때문에 쓸모가 없다며 창고에 버려졌다. 몇 년 동안 그 가치가 발견되지 않았지만 우연히 이 물질의 존재를 떠올린 과학자가 어디에든 붙는 '순간접착제'로 상품화했다. 발상의 전환으로 '불편함'을 '편리함'으로 탈바꿈시켰다.

1958년 / 미국

실패작, 접착력이 약한 풀에서 탄생

MISTAKES! 포스트잇

초강력 접착제를 개발하다 실패작으로 만들어진 '접착력이 약하고 끈적임이 없는 접착제'. 그토록 쉽게 떼어진다면 책에 끼우는 책갈피로 쓸 수 있지 않을까 하는 생각에서 탄생한 것이 바로 포스트잇이다.

1974년 / 미국

그대로 노두었더니 푹신푹신한 빵이

MISTAKES! 빵

기원전 4000년경 이집트에서 먹었던 빵은 전병처럼 딱딱하고 파삭했다. 빵 반죽을 만들어서 바로 구웠기 때문이다. 그런데 어느 날, 깜박 잊고 하룻밤 내버려 둔 반죽을 구웠더니 말랑말랑한 빵이 되었다. 그사이에 반죽이 발효되었기 때문이었다. 이것이 인류 역사상 처음으로 부드러운 빵이 탄생한 순간이었다.

기원전 4000년경 | 이집트

낙타 등에 매달려 흔들흔들

MISTAKES! 치즈

아랍 상인들은 양의 위로 만든 주머니에 우유를 담아 가지고 다녔다. 그들은 이동할 때 낙타를 탔는데 이동하는 사이 우유도 흔들흔들 흔들려서 어느새 하얀 고체가 되었다. '도대체 이건 뭘까?' 하고 먹어 보니 맛있었다! 이렇게 탄생한 치즈는 낙타의 등을 타고 온 세계로 퍼졌다.

기원전 2000년경 | 중동 지역

고객의 불만이 발명의 아이디어로

MISTAKES! 티백

홍차를 팔던 상인 설리번은 찻잎의 견본을 작은 비단 주머니에 넣어서 고객들에게 보냈다. 그런데 견본을 받은 사람들이 잘못 알고 찻잎을 주머니째로 끓인 것이다. 홍차가 제대로 우러날 리 없으니 불평이 끊이지 않았는데, 설리번은 고객들의 실수에서 아이디어를 떠올렸다. 비단 대신 물을 잘 통과시키는 거즈로 주머니를 만든 것. 그랬더니 홍차가 잘 우러났고 동시에 끓여 마시기 편하다며 인기가 폭발했다. 손쉽게 차를 마실 수 있는 티백은 이렇게 탄생했다.

1908년 | 미국

아주 얄팍하게 썰어 봤어

MISTAKES! 포테이토칩

손님에게 "감자 튀김이 두꺼워서 먹기가 힘들어!"라는 불평을 들은 요리사는 '더 이상 못 참겠어!' 하며 골탕 먹이려는 마음으로 최대한 얇게 썬 감자를 튀겨서 냈다. 그런데 손님은 그 바삭한 식감에 대만족! 그것이 포테이토칩으로 만들어졌다. 손님에게 일부러 맛없는 요리를 내보냈던 요리사의 복수는 실패했지만 많은 사람의 입맛을 사로잡는 데는 성공했다.

1853년 | 미국

MISTAKES! 콜라

콜라는 원래 진통제 성분이 들어간 두통약으로 판매되었다. 그것을 약국에서 물과 섞어서 팔았는데 하루는 약제사 펨퍼튼이 잘못해서 물 대신 탄산수를 섞어 버렸다. 이를 먹어 본 손님은 약의 달콤한 맛과 탄산의 톡 쏘는 느낌이 매우 좋아서 두통이 말끔히 사라졌다며 좋아했다. 세계에서 가장 인기 있는 탄산음료는 이런 우연과 실수로 탄생했다.

1886년 / 미국

MISTAKES! 초코칩 쿠키

여관을 운영했던 루스는 숙박객들에게 초코쿠키를 대접했다. 그런데 어느 날 초콜릿 반죽이 바닥나, 남아 있던 넓은 판 모양의 초콜릿을 부숴서 반죽에 넣어 보았다. '구우면 초콜릿이 녹아서 초코쿠키가 되겠지?' 하고 기대했지만 초콜릿은 녹지 않고 쿠키 반죽에 콕콕 박혀 구워졌다. 생각대로 되지는 않았지만 손님들은 이 쿠키를 아주 좋아했다. 초코칩 쿠키가 탄생한 순간이다.

1938년 / 미국

녹이지 않고 부숴서

초콜릿이 모자라….

이상적인 초코 쿠키

MISTAKES! 게맛살

중국요리에서 고급 식재료로 쓰이는 해파리. 수산물 가공업체는 해파리를 인공적으로 만들기 위해 많은 연구와 실험을 되풀이했지만 좀처럼 잘 되지 않았다. 그런데 한번은 실패작을 먹어 보았더니 식감이 꼭 게살 같았다. 그래서 게살처럼 붉은색을 입혀 게맛이 나는 어묵으로 상품화시켰다. 게살이라고 생각하고 먹었던 손님들이 성분표를 보고 "진짜 게가 아니잖아!" 하며 불평을 쏟을 정도로 제품의 완성도가 높았다.

1972년 / 일본

게살 흉내 내기 달인

저거 나 아냐?

야옹 야옹 야옹

꼬리가 아프다냥...

MISTAKES! 고양이 오르간

'야옹' 하는 고양이 소리는 사람의 마음을 녹여 준다. 이 소리를 악기로 만들고자 한 발명 아이디어가 있었으니, 바로 17세기에 고안된 고양이 오르간. 고양이 오르간은 서로 다른 음을 내는 고양이를 순서대로 박스에 세워 놓고 건반을 꼬리와 연결하여 건반을 누르면 고양이가 비명을 지르게끔 만든 것이다. 그러나 고양이 오르간이 연주됐다는 기록은 없고 심지어 악기가 실제로 존재했는지도 분명하지 않다. 만약 정말로 고양이 오르간이 있었다면 동물학대로 비난을 받았을 것이다.

1650년경 / 독일

묻힘 방지 시스템

동네로 경보가 전달됨.
전봇대
줄을 잡아당기면 경보가 울린다.

MISTAKES! 관 경보기

'만약 잠자는 사이에 죽었다고 오해를 받아 관에 놓여 땅에 묻힌다면?' 옛날부터 많은 사람이 이런 걱정을 해 왔다. 그래서 발명가 윌리엄은 관 속에서 깨어났을 때 쓸 수 있는 '관 경보기'를 만들어 냈다. 만약 관에 들어가 땅에 묻혔는데 갑자기 깨어났다면 경보를 울려 꺼내 달라는 신호를 보낼 수 있는 것이다. 하지만 이 괴기스러운 아이디어는 사람들에게 받아들여지지 않았다.

1891년 / 미국

MISTAKES! 포커페이스 마스크

카드 게임을 할 때 상대에게 표정을 읽히기 쉬운 사람을 위해 만들어진 마스크. 좋은 카드가 왔을 때 배시시 웃음이 나오거나 필요 없는 카드가 왔을 때 아쉬운 표정이 바로 드러나 버리는 솔직한 사람에게 권하고 싶다. 단, 눈 부분은 구멍이 뚫려 있다. 눈이 잘 보이지 않도록 선글라스로 가리는 것이 상책일지도 모른다.

← 눈 때문에 들켜 버리기 쉬워

1932년 / 생산국 불명

보조개 생기는 거 맞아?

MISTAKES! 보조개 메이커

웃는 얼굴을 더욱 사랑스럽게! 이 꿈을 이루기 위한 기계가 발명된 적이 있었다. 이 기구를 매일 몇 분만 사용하면 보조개가 생긴다는 것. 하지만 이 기구를 사용해도 예쁜 보조개가 생기지 않을뿐더러 오랫동안 사용하면 피부암에 걸릴 수도 있다고 의사들이 연이어 비판했다. 머지않아 이 발명품은 조용히 사라졌다.

1936년 / 미국

도통 조준하기 힘들어

......?
이게 잘 맞으려나?

MISTAKES! 구부러진 총

제2차 세계 대전이 끝날 무렵, 패전할 것 같았던 독일이 자포자기하는 마음으로 만든 총이다. 총구가 구부러져 있어서 몸을 숨긴 채 총을 쏠 수 있었다. 하지만 총구가 구부러져 있는 탓에 조준하기도 어렵고 몇 번만 쏴도 총이 망가져 버리는 경우가 많았다. 게다가 총알이 막히면 총 전체가 폭발해서 전혀 쓸모가 없었다고 한다.

1944년 / 독일

MISTAKES!
플라잉 플랫폼

플라잉 플랫폼이란 프로펠러의 힘으로 공중에 뜰 수 있도록 한 1인용 원반형 기구다. 과거에 미국 해군에 의해 개발되었는데 수평을 유지하는 것이 어렵다는 이유로 1960년대 개발이 중지되었다. 미래 과학이나 SF를 좋아하는 친구들의 마음을 자극하는 멋진 기구이긴 하지만 여전히 뒤집어져 땅으로 곤두박질치지 않을까 걱정이 되기도 한다.

1955년 / 미국

균형을 잡지 못하면 목숨을 잃을지도…

MISTAKES!
엔진 장착 롤러스케이트

배낭처럼 엔진을 등에 메고 시속 27km로 달릴 수 있다. 하지만 이 속도로 길을 달린다면 굉장히 위험할 것이다. 게다가 급정거나 회전을 할 때는 몸이 앞뒤 좌우로 튕겨 나갈지도 모를 일이다. 이 발명품은 당시 사람들의 호응을 전혀 얻지 못하고 금세 잊혔지만 최근에는 전동 킥보드나 전동휠을 타고 다니는 사람이 많이 늘었다. 어쩌면 시대를 앞서간 발명품일 수도?

1956년 / 미국

겁 없는 사람 전용

MISTAKES!
부재중 전화 로봇

발신자 표시, 부재중 전화 표시 같은 서비스가 하나도 없던 시절 만들어진 이 로봇은 부재중에 전화를 받아 주는 로봇이다. 단, 아쉽게도 상대와 대화하기는커녕 인사를 나누지도, 목소리를 내지도 못했다. 유일하게 할 수 있는 일이라고는 전화를 '받는' 것뿐. 전화를 건 사람으로서는 누군가가 전화를 받았는데 아무 대답이 없으면 당황스럽기도 하고 섬뜩하기도 할 것 같다. 차라리 받지 않는 것이 나을지도?

1964년 / 호주

한마디 정도는 해 줬으면…

어딜 가도 시선 집중!

할아버지가 다루기는 힘들어

MISTAKES!
농업용 만능 도구

캠핑을 하거나 야외 활동을 할 때 많이 쓰는 만능 칼. 농업용 만능 도구는 만능 칼처럼 농사지을 때 쓰는 농기구를 모아 놓은 것이다. 삽, 낫, 가래, 톱, 바가지 등 빠질 수 없는 10개의 농기구가 한데 묶여 있다. 아이디어는 좋았지만 가장 큰 결점은 8kg이나 나가는 무게. 낫 한 번 휘두를 때마다 틀림없이 땀 범벅이 될 것이다. 농사를 짓는 사람들은 대부분 나이가 많은 편이어서 8kg이나 되는 농업용 만능 도구는 전혀 환영받을 수 없을 것 같다.

1990년경 / 일본

MISTAKES!
꽃가루 알레르기 환자용 휴지

봄에 찾아오는 불청객, 꽃가루. 꽃가루에 민감한 사람은 봄만 되면 콧물을 줄줄 흘릴 수밖에 없다. 그런 사람들을 위해 만들어진 꽃가루 알레르기 환자용 휴지. 머리 위에 두루마리 휴지를 이고 다닌다는 획기적인 디자인이다. 이것만 있으면 언제 어디서나 코를 풀 수 있을 것이다. 편리하긴 하지만 조금 창피할 것 같고 머리에 이고 다니려면 약간의 용기가 필요할 것 같다.

1990년경 / 일본

실패 명언집

> 실패한 것이 아니다. 그것을 잘못이라고 말하지 말라. 공부한 것이라고 말해라.

에디슨
1847-1931
발명가 · 기술자

> 경험이야말로 훌륭한 스승이다.

레오나르도 다빈치
1452-1519
과학자 · 예술가

> 지금 옳은 것이 몇 년 후에 그른 것이 될 수도 있다. 거꾸로 지금 그른 것도 몇 년 후에 옳은 것이 될 수도 있다.

라이트 형제
형 1867-1912
동생 1871-1947

> 1,000개의 아이디어 가운데 하나만 실현되더라도 나는 만족할 수 있다.

노벨
1833-1896
발명가 · 기업가

> 아래를 보고 있으면 결코 무지개를 볼 수 없다.

채플린
1889-1977
영화배우 · 감독

> 현명한 사람은 남의 실패에서 교훈을 얻지만 어리석은 사람은 자신의 실패를 보고서도 교훈을 얻을 줄 모른다.

벤저민 프랭클린
1706-1790
물리학자 · 정치가

꿈을 좇는 용기만 있다면
모든 꿈은 반드시 이룰 수 있다.
언제나 기억했으면 한다.
이 모든 것은 한 마리의 쥐에서
시작됐다는 것을.

스티븐 킹
1947-
소설가

어떤 일이든
자신에게
재능이 있다면,
사람은 손끝에
피가 맺히고
눈이 빠지도록
그 일에 몰두할
것이다.

월트 디즈니
1901-1966
애니메이터 · 기업가

불가능(impossible)이란
없어요. 그 단어 자체가
나는 가능합니다
(i'm possible)라고
말하고 있기 때문이지요.

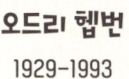

오드리 헵번
1929-1993
배우

몽고메리
1874-1942
소설가

자신의 실패를 웃어넘기고 그리고 거기에서 배우라.
자신의 고생을 웃음거리로 삼으며 그것에서
용기를 끌어모아라.

나는 꾸준히 일했고
누구든지 나만큼 끈기 있게
일한다면 성공할 것이다.

바흐
1685-1750
작곡가 · 오르가니스트

코코 샤넬
1883-1971
패션 디자이너

인생은
역경을 만났을 때
처음으로
알 수 있다.

노력만 하면
가난한 환경에서
벗어날 수 있다는
확신만큼 공부에
박차를 가하게 하는
것은 없다.

슐리만
1822-1890
고고학자 · 기업가

실수할 자유가
없는 자유란 가치가 없다.

세상은 힘든 일로 가득하지만
그것을 이기는 일도 가득하다.

헬렌 켈러
1880-1968
교육자

간디
1869-1948
변호사 · 정치 지도자

크리스토퍼 콜럼버스
1451?-1506
항해자

항해하는 것이 전제이지
생존하는 것이
전제가 아니다.

세상 모든 일에는
불가능한 영역이 있다.
그것을 한 걸음씩 등산하듯이
올라가면 된다.

우에무라 나오미
1941-1984
등산가

스티브 잡스
1955-2011
기업가 · 자산가

예술가로 살려면
뒤를 자주 돌아보지
말아야 한다.
여러분이 한 일,
여러분이 어떤 사람인지를
받아들이고 또한
이것들을 던져버릴 수도
있어야 한다.

이 얼마나 아름다운 대양인가!
이 얼마나 맑고 넓은 하늘인가!
불꽃같은 태양!
무슨 일이 일어나든 이 순간, 살아
있다는 것만으로도 충분하다.

찰스 린드버그
1902-1974
비행가

나는 실패를 받아들일 수 있다.
모두가 무언가에 실패하기 때문이다.
하지만 난 시도조차 하지 않는 것은
받아들일 수 없다.

마이클 조던
1963-
농구 선수

고난과 불행 속에서
비로소 친구가 친구라는
것을 알 수 있다.
밝고 행복한 나날에만
이어지는 우정은
전혀 도움이 안 된다!

이백
701-762
시인

나는 전력으로 배트를 휘두른다. 혼신의 힘을 담아서.
크게 맞히거나 크게 빗나가거나 둘 중 하나다.
나는 최대한 크게 살고 싶다.

베이브 루스
1895-1948
야구 선수

인간이
저지르는
실수의
주된 원인은
어린 시절에
몸에 밴
편견이다.

데카르트
1596-1650
철학자

문제는 앞으로 생길 일이나 지나간 일
때문에 괴로워할 필요는 없다는 것.
중요한 것은 지금 이 순간을
즐기는 것뿐이다.

존 레넌
1940-1980
뮤지션

인생 최대의 실수가 뭐냐고?
그것은 앞으로 생기게 될 것이다.

아일톤 세나
1960-1994
카레이서

언제든 실패할 수 있는 여러분에게

미스테이크 월드 여행은 어땠어?
앞에서 살펴보았듯이 놀라운 업적을 남긴 사람들도 많은 실패를 겪었단다.
살다 보면 누구나 실패나 실수를 경험하게 돼.

그래도 우리가 함께 봐 온 실패 중에는
그것이 없었다면 성공도 없었을 것이 아주 많아.
또한 실패는 우리가 같은 실수를 되풀이하지 않도록 교훈을 주지.

실패와 실수는 우리를 성장시켜 주는 소중한 경험이야.
만약 앞으로 실패와 실수 때문에 화가 나거나 슬픈 마음이 들 때면
그것으로부터 배운 것을 가슴에 새기고 다시 힘을 내 보자.
실패와 실수에서 얻은 교훈은 반드시 좋은 미래로 연결될 테니까.
비가 갠 후에 무지개가 뜨는 것처럼 말이야.

실패나 실수를 해도, 서툴러도,
한 번뿐인 인생을 나답게 맘껏 살아가자.
그것이 무엇보다도 성공적인 인생이 아닐까?

만약 실수하는 것이 두려워 첫발을 내딛지 못할 때나
실패나 실수를 해서 눈물이 날 것 같을 때는
힘과 용기를 얻기 위해 언제나 미스테이크 월드로 놀러 오렴.
나도 실패를 거듭하면서 기다리고 있을 테니.

그럼 또 보자!

우리에겐 실패해도 다시 도전할 수 있는
시간과 용기가 있다는 걸 잊지 마!

이로하 출판사 편저
실패 이야기를 모아 책으로 엮었어요. 동물과 식물, 곤충은 물론 음식물과 기계, 건축물에서 천체에 이르는 이 세상 만물의 수명을 알려 주는 책 〈수명 도감〉을 쓰기도 했습니다.

Mugny 그림
귀여운 병아리 캐릭터로 일본에서 큰 인기를 끌고 있는 일러스트레이터. '실패'라는 다소 무거운 주제도 즐거운 마음으로 읽을 수 있도록 밝고 유쾌하게 그렸습니다.

강방화 옮김
일본 오카야마현에서 태어나 이화여자대학교 통역번역대학원 한일번역학과를 졸업하고 고려대학교 문예창작학과 박사 과정을 수료했어요. 옮긴 책으로 〈봄이 오면 가께〉 〈지하철 사자선〉 〈나는 달님〉 〈작은 풀꽃의 이름은〉 〈시작하는 너에게〉 등이 있습니다.

웅진주니어

실패도감

초판 1쇄 발행 2020년 4월 16일 | 초판 9쇄 발행 2025년 6월 23일 | 편저 이로하 출판사 | 그림 Mugny | 옮김 강방화
발행인 윤승현 | 편집장 안경숙 | 편집 윤정원 | 디자인 진보라 | 마케팅 정지운, 박현아, 김지윤, 황지영 | 제작 신홍섭 | 국제업무 장민경, 오지나
펴낸곳 (주)웅진씽크빅 | 주소 경기도 파주시 회동길 20 (우)10881 | 문의전화 031)956-7440(편집), 031)956-7569, 7570(마케팅)
홈페이지 www.wjjunior.co.kr | 블로그 blog.naver.com/wj_junior | 트위터 @new_wjjr | 인스타그램 @woongjin_junior
출판신고 1980년 3월 29일 제406-2007-00046호 | 제조국 대한민국 | 사용연령 7세 이상 | 원제 失敗図鑑 | 한국어판 출판권 ⓒ 웅진씽크빅, 2020
ISBN 978-89-01-24176-0 74000
       978-89-01-24175-3(세트)

SHIPPAI ZUKAN
Illustrated by mugny
Copyright © IROHA PUBLISHING INC., 2018
All rights reserved.
Original Japanese edition published by IROHA PUBLISHING INC.
Korean translation copyright © 2020 by Woongjin Think Big Co., Ltd.
This Korean edition published by arrangement with IROHA PUBLISHING INC., Kyoto, through HonnoKizuna, Inc., Tokyo, and BC Agency.

웅진주니어는 ㈜웅진씽크빅의 유아·아동·청소년 도서 브랜드입니다.
이 책은 (주)비씨에이전시를 통한 저작권자와의 독점계약으로 웅진씽크빅에서 출간되었습니다.
저작권법에 의하여 한국 내에서 보호를 받는 저작물이므로 무단 전재 및 복제를 금합니다. 이 책 내용의 전부 또는 일부를 이용하려면 반드시 저작권사와 (주)웅진씽크빅의 서면 동의를 받아야 합니다.

* 잘못 만들어진 책은 바꾸어 드립니다.

⚠ 주의 1. 책 모서리가 날카로워 다칠 수 있으니 사람을 향해 던지거나 떨어뜨리지 마십시오. 2. 보관 시 직사광선이나 습기 찬 곳은 피해 주십시오.